ABNEHMEN mit Skyr

50 REZEPTE MIT DEM BEKANNTEN MILCHPRODUKT – DER GESUNDE ERNÄHRUNGSTREND AUS ISLAND

EMF

EIN BUCH DER EDITION MICHAEL FISCHER

ABNEHMEN mit Skyr

INHALT

GRUNDLAGEN 6
Skyr – die Proteinbombe aus Island 6
Einfach Abnehmen mit Skyr 8
Das 14-Tage-Erfolgsprogramm 10

FRÜHSTÜCK 13
Vollkornbrot mit Möhren-Ingwer-Aufstrich 14
Glutenfreie Buchweizen-Pancakes mit Mangosauce 16
Granola-Crunch mit Skyr-Quark und Erdbeeren 18
Power Smoothie mit Erdbeeren und Skyr 20
Haferpancakes mit Mandarinen-Skyr 22
Fruchtiger Zitronen-Skyr mit frischer Minze 24
Rote-Bete-Smoothie mit Ingwer 26
Obstkiste mit Matcha-Skyr und Basilikum 28
Johannisbeer-Lassi mit Grapefruitsaft 30
Rote-Bete-Himbeer-Lassi mit würzigen Kichererbsen 32
Heidelbeeren mit Skyr-Mascarpone-Creme 34
Stramme Forelle mit Kresse und Meerrettich 36

VORSPEISEN 39
Caprese mit Roter Bete und Skyr 40
Salat-Bowl „mediterran" 42
Buchweizencrêpes mit Skyr-Lachs-Füllung 44
Linsensalat mit Skyr-Tsatsiki 46
Kartoffelsuppe mit Haferflocken 48
Apfel-Möhren-Salat mit Nüssen 50
Kichererbsenkuchen mit Skyr-Topping 52
Pastinakensuppe mit Rucola-Pesto 54
Gurken-Kartoffel-Salat „light" 56
Schinken-Wrap mit Zucchini 58
Erfrischend kalte Gurkensuppe mit Skyr 60
Mango-Kurkuma-Lassi mit Limette und Honig 62
Pikante Hafermuffins mit Skyr und Frühlingszwiebeln 64
Cremige Erbsensuppe mit Flusskrebsen 66
Kohlrabi-Skyr-Suppe mit gebratenen Pilzen 68
Kräuter-Skyr 70
Falscher „Hummus" mit Knabbergemüse 70
Zucchini-Karotten-Küchlein mit Kräuterskyr 72

S. 22

S. 30

S. 52

HAUPTGERICHTE 75

Süßkartoffeln mit Mangoldgemüse und Skyr-Dip	76
Kürbis-Lasagne mit Skyr-Mozzarella	78
Pannfisch „Seemannsschmaus"	80
Gefüllte Paprika mit Bulgur-Tomaten-Mix	82
Mandel-Quiche mit Skyr-Spinat-Füllung	84
Chili con Carne mit Koriander-Skyr	86
Spinat-Spaghetti-Nester mit fruchtigen Tomaten	88
Grüne Shakshuka mit Kräuterdip	90
Spaghetti mit Frankfurter-Grüner-Sauce	92
Kürbisstreifen mit Chili-Kakao-Aroma	94
Pizza mit Prosciutto und Rucola	96
Gebeizter Lachs mit Reibekuchen	98
Rosmarin-Kartoffeln mit grünem Spargel und Eierdip	100
Süßkartoffel-Puten-Eintopf mit Skyr verfeinert	102
Zucchiniblüten mit Skyr-Walnuss-Füllung	104

DESSERTS 107

Skyr-Creme „Aloha" mit Ananas und Kokoschips	108
Beerentorte mit leichter Skyr-Creme	110
Nice Cream – Skyr-Banane-Tahin	112
Beeren-Skyr-Creme in Schokoladenschalen	114
Mokka-Karamell-Kuchen mit Kokosaroma	116
Skyr-„Cheesecake" mit Himbeeren	118
Himbeer-Cupcakes mit Skyr-Frosting	120

REGISTER 122

S. 84

S. 102

S. 120

SKYR
die Proteinbombe aus Island

DAS NEUE SUPERFOOD

Milchprodukte aus anderen Kulturkreisen erfreuen sich großer Beliebtheit: Nach türkischem Ayran, griechischem Joghurt und indischem Lassi kommt nun der isländische Skyr zu uns. Das traditionell isländische Milchprodukt wird aus entrahmter Milch und speziellen Bakterienkulturen hergestellt und gilt in Island schon seit dem Mittelalter als Grundnahrungsmittel. In Deutschland wird Skyr als Frischkäseerzeugnis klassifiziert. In Geschmack und Konsistenz erinnert der Wunder-Quark aufgrund seiner Cremigkeit eher an griechischen Joghurt. Das vielseitige Milchprodukt enthält so gut wie kein Fett und hat im Vergleich zu den anderen Milcherzeugnissen einen hohen Proteingehalt von 11 Gramm pro 100 Gramm. Außerdem liefert der isländische Frischkäse eine ganze Menge an Kalzium. Somit macht Skyr, was den Eiweißgehalt angeht, dem Magerquark als ultimative Proteinbombe Konkurrenz. Proteinreich, fettarm, viele Mineralstoffe – so lässt sich Skyr kurz und knapp beschreiben. Vor allem der Kalziumgehalt ist dabei bemerkenswert. Diese Eigenschaften macht ihn auch zu einem tollen Snack für Kinder im Wachstum.

Seinen Namen verdankt das Milchprodukt übrigens dem 13. isländischen Weihnachtstroll, dem Skyrgámur, was so viel bedeutet, wie Skyr-Gierschlund. Die Weihnachtstrolle sind das Äquivalent zu unserem Nikolaus: Im Dezember ziehen sie aus ihren Höhlen in die Dörfer und Städte Islands, wo sie die artigen Kinder beschenken.

WIE WIRD SKYR HERGESTELLT?

Der Legende nach brachten die Wikinger Skyr vor über 1000 Jahren mit nach Island. Ursprünglich war er dafür gedacht, die Milch im langen Winter haltbarer zu machen. Früher wurde Skyr auf der Basis von Schafs- oder Ziegenmilch hergestellt. Mittlerweile ist man zu Kuhmilch übergegangen. Diese wird zunächst entrahmt, mit Bakterienkulturen angereichert und anschließend erhitzt. Skyr wird aus fettarmer Milch durch ein Ansäuerungsverfahren (Fermentation) hergestellt, bei dem Milchproteine ausflocken. Lange stellten isländische Bauernhöfe ihn selbst her, heute wird er überwiegend industriell in Selfoss, Islands Molkereizentrale, produziert.

Zunächst wird frische Kuhmilch auf bis zu 75 Grad erhitzt, um Bakterien abzutöten – diesen Prozess nennt man Pasteurisierung. Im Anschluss wird die Milch auf unter 30 Grad abgekühlt und dann ähnlich wie beim normalen Joghurt mit Bakterienkulturen beimpft. Nach 24 Stunden wird die überschüssige Molke entfernt, bis ein dickflüssiger Joghurt entsteht.

GESUNDE BENEFITS

◊ 100 Gramm des Milchprodukts liefern 150 Milligramm Kalzium und decken damit bereits 15 Prozent des von der Deutschen Gesellschaft für Ernährung (DGE) empfohlenen Tagesbedarfs an Kalzium ab.

◊ Kalium und Phosphor sind wichtige Mineralstoffe, die vor allem den Wasserhaushalt regulieren, den Muskelaufbau fördern, die Herztätigkeit schützen und den Energiehaushalt jeder Zelle fördern. Phosphor unterstützt zusätzlich das Kalzium beim Knochenaufbau.

◊ Skyr unterstützt durch zahlreiche wertvolle Bakterienkulturen eine gesunde und stabile Darmflora. Dank angereicherten Milchsäurebakterien wird das leicht saure Milieu des Darms stabilisiert und die Barrierefunktion der Darmschleimhaut gestärkt. Die Bioverfügbarkeit von Nährstoffen wird verbessert, das heißt, dass Vitamine und Mineralstoffe effizienter vom Körper absorbiert werden können.

Nährwerte im Vergleich

Alle Angaben pro 100 g	EW	F	KH	kcal
Buttermilch	3,5 g	0,5 g	4,8 g	37 kcal
Frischkäse (10 % Fett)	12,8 g	2 g	3 g	87 kcal
Griechischer Joghurt	6,5 g	10 g	4,1 g	133 kcal
Hüttenkäse	12,3 g	4,3 g	2,7 g	104 kcal
Magerquark	13,5 g	0,3 g	4 g	75 kcal
Naturjoghurt (1,5 % Fett)	3,4 g	1,5 g	5 g	47 kcal
Naturjoghurt (3,5 % Fett)	4,8 g	3,5 g	5,3 g	72 kcal
Soja-Joghurt-alternative	6,2 g	3,6 g	2,5 g	71 kcal
Skyr	10,7 g	0,2 g	4 g	66 kcal

Quelle: Bundeslebensmittelschlüssel über DEBInet

EINFACH ABNEHMEN

mit Skyr

ABNEHMEN MIT PROTEIN-BOOST

Skyr löste in letzter Zeit nicht umsonst einen großen Hype aus, denn dieses Milchprodukt ist deutlich fettärmer als normaler Joghurt und besitzt einen sehr hohen Gehalt an Kalzium und Eiweiß. Damit eignet sich die isländische Traditionsspeise perfekt für eine Diät! Gerade zum Frühstück kann man Skyr hervorragend mit frischen Früchten und gesunden Samen vermischen. Für Menschen, die abnehmen möchten, bietet sich Skyr mit 66 Kalorien pro 100 Gramm und einem Fettanteil von 0,2 Prozent besonders an. Zudem sorgt das proteinreiche Produkt für ein lang andauerndes Sättigungsgefühl. Somit ist es sinnvoll, den isländischen Quark mit dem Ziel der Gewichtsreduktion in den Speiseplan zu integrieren. Um wirklich Gewicht zu verlieren, ist es allerdings unumgänglich, auch auf die restliche Ernährung zu achten und möglichst viel Sport zu treiben. Auch für Sportler, die nach einer proteinreichen Alternative zum Quark als natürliche Proteinquelle suchen, bietet sich Skyr an, um den Muskelaufbau zu fördern und einen muskelösen Körper weiter zu definieren. In Kombination mit viel Bewegung und als Teil einer gesunden Ernährung kann man also durchaus mit Skyr abnehmen.

Während Skyr pur gesund und kalorienarm ist, sollte man bei Frucht-Varianten und Fertigprodukten (wie übrigens auch bei Fruchtjoghurt) genauer auf die Inhaltsstoffe schauen. Oft werden hier Zucker und andere Zusatzstoffe zugesetzt, und die enthaltene Kalorienanzahl liegt dann deutlich höher. Um mit Skyr abnehmen zu können, ist es also ratsam vor allem auf die naturbelassene Variante zu setzen. Für einen süßeren Geschmack kann man Beeren oder anderes Obst als Topping verwenden.

1. SKYR IM LOW-CARB- UND KETO-SPEISEPLAN

Als extrem fettarmes und proteinreiches Lebensmittel eignet sich Skyr hervorragend für die Ernährungsweise nach dem Low-Carb- bzw. Keto-Prinzip. Skyr enthält neben einer großen Menge an Eiweiß nur wenig Kohlenhydrate und zählt deshalb zu den Low-Carb-Lebensmitteln. Lebensmittel mit einem geringen Kohlenhydratanteil lassen den Blutzucker nur wenig und langsam ansteigen. Deshalb helfen Low-Carb-Lebensmittel, darunter auch Skyr, dabei den Blutzuckerspiegel konstant zu halten und Blutzuckerspitzen nach dem Essen zu vermeiden.

2. SKYR ALS KOMPONENTE DER NORDIC-DIÄT – SKANDINAVISCH ABNEHMEN

Hierbei handelt es sich um eine nordische Variante der Mittelmeerkost. Bei der Nordic-Diät werden nach traditionell skandinavischem Vorbild nur frische, naturbelassene, regionale, saisonale und schonend zubereitete Lebensmittel – wie Fisch, Äpfel, Birnen und Beeren, Kohl, Wildkräuter, Nüsse und Pilze – verwendet. Zu den empfohlenen Lebensmitteln
gehören: viele Beeren, Wurzelgemüse, Vollkornprodukte, auch aus Roggen, dazu Lachs und Rapsöl. Auf Butter, rotes Fleisch und Weißmehlprodukte soll dagegen möglichst verzichtet werden. Gekocht wird nur im Schmortopf und bei niedriger Temperatur. Auch fermentierte Lebensmittel wie saure Heringe oder eben Skyr sind Teil der Nordic-Diät, die sich positiv auf die Gesundheit, besonders auf den Darm, auswirken kann. Die Nordic-Diät macht schlank und hat einen positiven Effekt auf die Blut-

werte, den Cholesterinspiegel und den Blutdruck. Besonders in fettigen Fischsorten wie Makrele und Hering stecken reichlich Omega-3-Fettsäuren, die die Gefäße schützen und somit Herzerkrankungen und Schlaganfällen vorbeugen.

3. EIN BECHER SKYR VOR JEDER MAHLZEIT

Eine weitere Möglichkeit, mit Skyr abzunehmen besteht darin, vor jeder Mahlzeit einen Becher des Island-Joghurts zu sich zu nehmen. Der eintretende Sättigungseffekt dämpft den Appetit und die anschließende Nahrungsaufnahme reduziert sich somit. Zusätzlich werden Stoffwechsel und Verdauung bereits vor dem Essen angeregt.

WO KANN MAN SKYR KAUFEN?

Mittlerweile ist Skyr in fast jedem Supermarkt erhältlich. Auch wenn die Marke Arla® Skyr auf dem deutschen Markt eingeführt hat, gibt es mittlerweile viele Eigenmarke-Versionen von Discountern. Man kann Skyr naturbelassen kaufen, aber auch in verschiedenen anderen Geschmackssorten, wie Himbeere-Cranberry oder Vanille. Es gibt seit einiger Zeit auch Frozen Skyr als Alternative zu herkömmlichem Eis, Protein-Mozzarella (z.B. Skyrella) als fettarmen Ersatz von Mozzarella und Skyr-Drinks.

LAGERUNG

Genau wie Quark oder Joghurt hält sich Skyr geöffnet drei bis vier Tage im Kühlschrank.

REZEPTE

Dieses Buch bietet tolle Ideen und Anregungen auf welch vielfältige Weise Skyr in den Speiseplan integriert werden kann: ob zu Pancakes, als Smoothie oder Lassi, zum Verfeinern von Suppen, als Dip oder Sauce, herzhaft als Skyr-Mozzarella zum Überbacken oder sogar als Dessert in Form von Torte oder Eis, immer macht Skyr im wahrsten Sinne des Wortes eine gute Figur. Der Plan für das 14-Tage-Erfolgsprogramm auf den nächsten Seiten bietet Orientierung und vereinfacht den Einstieg.

DAS 14-TAGE-ERFOLGSPROGRAMM
1. Woche

TAG	FRÜHSTÜCK	MITTAG	ABEND
1	Vollkornbrot mit Möhren-Ingwer-Aufstrich (S. 14)	Süßkartoffeln mit Mangoldgemüse und Skyr-Dip (S. 76)	Buchweizencrêpes mit Skyr-Lachs-Füllung (S. 44)
2	Granola-Crunch mit Skyr-Quark und Erdbeeren (S. 18)	Gurken-Kartoffel-Salat „light" (S. 56)	Kürbis-Lasagne mit Skyr-Mozzarella (S. 78)
3	Power Smoothie mit Erdbeeren und Skyr (S. 20)	Kartoffelsuppe mit Haferflocken (S. 48)	Grüne Shakshuka mit Kräuterdip (S. 90)
4	Haferpancakes mit Mandarinen-Skyr (S. 22)	Gefüllte Paprika mit Bulgur-Tomaten-Mix (S. 82)	Caprese mit Roter Bete und Skyr (S. 40)
5	Fruchtiger Zitronen-Skyr mit frischer Minze (S. 24)	Kohlrabi-Skyr-Suppe mit gebratenen Pilze (S. 68)	Schinken-Wrap mit Zucchini (S. 58)
6	Johannisbeer-Lassi mit Grapefruitsaft (S. 30)	Falscher „Hummus" mit Knabbergemüse (S. 70)	Gebeizter Lachs mit Reibekuchen (S. 98)
7	Glutenfreie Buchweizen-Pancakes mit Mangosauce (S. 16)	Apfel-Möhren-Salat mit Nüssen (S. 50)	Zucchiniblüten mit Skyr-Walnuss-Füllung (S. 104)

2. Woche

TAG	FRÜHSTÜCK	MITTAG	ABEND
8	Rote-Bete-Smoothie mit Ingwer *(S. 26)*	Spinat-Spaghetti-Nester mit fruchtigen Tomaten *(S. 88)*	Pastinakensuppe mit Rucola-Pesto *(S. 54)*
9	Obstkiste mit Matcha-Skyr und Basilikum *(S. 28)*	Pannfisch „Seemannsschmaus" *(S. 80)*	Mandel-Quiche mit Skyr-Spinat-Füllung *(S. 84)*
10	Stramme Forelle mit Kresse und Meerrettich *(S. 36)*	Salat-Bowl „mediterran" *(S. 42)*	Kichererbsenkuchen mit Skyr-Topping *(S. 52)*
11	Rote-Bete-Himbeer-Lassi mit würzigen Kichererbsen *(S. 32)*	Zucchini-Karotten-Küchlein mit Kräuterskyr *(S. 72)*	Chili con Carne mit Skyr *(S. 86)*
12	Heidelbeeren mit Skyr-Mascarpone-Creme *(S. 34)*	Linsensalat mit Skyr-Tsatsiki *(S. 46)*	Pizza mit Prosciutto und Rucola *(S. 96)*
13	Schinken-Wrap mit Zucchini *(S. 58)*	Kürbisstreifen mit Chili-Kakao-Aroma *(S. 94)*	Süßkartoffel-Puten-Eintopf mit Skyr verfeinert *(S. 102)*
14	Pikante Hafermuffins mit Skyr und Frühlingszwiebeln *(S. 67)* und Kräuter-Sky *(S. 70)*	Cremige Erbsensuppe mit Flusskrebsen *(S. 66)*	Rosmarin-Kartoffeln mit grünem Spargel und Eierdip *(S. 100)*

FRÜHSTÜCK

VOLLKORNBROT
mit Möhren-Ingwer-Aufstrich

Nährwertangaben pro Portion:
330 kcal | 55 g EW | 2 g F | 23 g KH

ZUTATEN:

Für den Aufstrich
300 g junge Möhren mit Grün
1 Stück Ingwer (2 cm)
200 g Magerquark
300 g Skyr
Schale von 1 unbehandelten Zitrone
Salz, Pfeffer

Zum Servieren
½ Salatgurke
8 Scheiben Vollkorn-Roggenbrot

 Zubereitungszeit | 20 Minuten

 Für 4 Personen (je 2 Brote)

ZUBEREITUNG:

1. Für den Aufstrich die Möhren putzen, schälen und fein reiben. Das Möhrengrün waschen, trocken schütteln und fein hacken. Den Ingwer schälen und fein hacken.

2. In einer Schüssel Möhren, Ingwer, Quark und Skyr vermischen. Dann den Aufstrich mit abgeriebener Zitronenschale, Salz und Pfeffer abschmecken.

3. Die Gurke putzen, waschen und in dünne Scheiben schneiden.

4. Zum Servieren Vollkornbrote mit Möhrenaufstrich bestreichen. Mit Gurkenscheiben belegen und mit Möhrengrün bestreuen.

Benefit:
Das Möhrengrün ist sehr nahrhaft. Wer keine jungen Möhren mit Grün bekommt, kann stattdessen auch Dill verwenden.

GLUTENFREIE BUCHWEIZEN-PANCAKES

mit Mangosauce

Nährwertangaben pro Portion:
860 kcal | 39 g EW | 19 g F | 127 g KH

ZUTATEN:

Für den Teig

1 Banane
1 Vanilleschote
150 g Buchweizenmehl
2 Eier (Größe M)
1 TL Backpulver
2 TL gemahlener Zimt
200 ml ungesüßter Mandeldrink
2 TL Kokosöl

Für die Skyr-Füllung

1 Handvoll Erdbeeren oder Himbeeren
100 g Magerquark
300 g Skyr
1 EL Ahornsirup

Für die Saucen

½ Mango
2 EL Ahornsirup
1 Handvoll Himbeeren

 Zubereitungszeit | 1 Stunde

 Für 2 Personen

ZUBEREITUNG:

1. Für den Teig die Banane schälen und mit einer Gabel zerdrücken. Die Vanilleschote längs aufschneiden und das Mark mit einem Messer herausschaben. Beides mit Buchweizenmehl, Eiern, Backpulver, Zimt und Mandelmilch in einer Schüssel mit dem Schneebesen glatt rühren.

2. Aus dem Teig portionsweise 10 Pancakes backen. Dafür das Kokosöl in einer beschichteten Pfanne heiß werden lassen. 1 Schöpfkelle Teig hineingeben und bei mittlerer Hitze auf beiden Seiten jeweils 2 Minuten backen. Die Pancakes beiseitestellen.

3. Für die Füllung die Beeren verlesen. Die Beeren mit Quark, Skyr und Ahornsirup im Mixer pürieren. Die Pancakes je auf einer Seite damit bestreichen.

4. Für die Saucen die Mango schälen. Das Fruchtfleisch vom Stein schneiden, mit 1 EL Ahornsirup und etwas Wasser im Mixer pürieren. Die Beeren verlesen, mit dem restlichen Ahornsirup und etwas Wasser pürieren. Die Himbeersauce als Spiegel auf Teller geben, die Pancakes darauf stapeln.

5. Die Mangosauce über den Pancakes verteilen.

Tipp:

Buchweizen ist kein Getreide und somit frei von Gluten. Er ist daher besonders für diejenigen mit einer Glutenunverträglichkeit zu empfehlen.

GRANOLA-CRUNCH
mit Skyr-Quark und Erdbeeren

Nährwertangaben pro Portion:
329 kcal | 26 g EW | 17 g F | 28 g KH

ZUTATEN:

Für das Granola

300 g Haferflocken
100 g Mandelkerne
100 g Haselnusskerne
50 g Sonnenblumenkerne
50 g heller Sesam
50 g Kürbiskerne
25 g gepuffter Amarant
½ TL Zimt
½ TL Salz
30 ml Rapsöl
50 g Honig

Zum Servieren

400 g Magerquark
400 g Skyr
250 g Erdbeeren (wahlweise saisonale Früchte wie Aprikosen, Pfirsiche, Pflaumen, Birnen etc.)

 Zubereitungszeit | 35 Minuten

 Für 4 Personen

ZUBEREITUNG:

1. Für das Granola den Backofen auf 160 °C (Umluft) vorheizen. Ein Backblech mit Backpapier auslegen.

2. Alle Zutaten in einer Schüssel mischen, gut vermengen und auf dem Backpapier verteilen. Das Granola im Ofen auf der mittleren Schiene 20 Minuten backen.

3. Mit einer Gabel das Knuspermüsli auflockern und weitere 20 Minuten backen. Aus dem Backofen nehmen und komplett abkühlen lassen. Das Granola in Gläser oder Dosen füllen und aufbewahren.

4. Zum Servieren den Quark und den Skyr mischen. Die Erdbeeren waschen, putzen und vierteln. Den Quark portionsweise auf vier Schüsseln aufteilen. Mit den Erdbeeren belegen und mit je 4 EL Granola servieren.

Variante:

Das Granola nach Belieben noch mit getrockneten Früchten verfeinern. Dazu nach dem Backen 100 g Rosinen, Cranberrys, Apfelringe, klein geschnittene Datteln oder Aprikosen untermischen.

POWER SMOOTHIE
mit Erdbeeren und Skyr

Nährwertangaben pro Portion:
255 kcal | 12 g EW | 8 g F | 32 g KH

ZUTATEN:

50 g TK-Erdbeeren
1 kleine Banane
1 frisches Bio-Ei (Größe M)
Mark von ½ Vanilleschote
100 ml ungesüßter Mandeldrink
1 EL weißes Mandelmus
2–3 EL Agavendicksaft
80 g Skyr

 Zubereitungszeit | 10 Minuten

 Für 2 Personen

ZUBEREITUNG:

1. Alle Zutaten in einen Hochleistungsmixer geben und so lange mixen, bis ein cremiger Smoothie entsteht.

2. Je nach Reife der Bananen die Menge des Agavendicksafts anpassen, falls der Smoothie sonst zu süß würde. Oder einfach genießen und mal was Süßes schlemmen!

HAFERPANCAKES
mit Mandarinen-Skyr

Nährwertangaben pro Stück:
82 kcal | 4 g EW | 3 g F | 11 g KH

ZUTATEN:

Für den Teig

200 g kernige Haferflocken
2 Eier (Größe M)
250 g Buttermilch
2 TL Weinsteinbackpulver
¼ TL Meersalz
1 TL gemahlener Zimt
50 g Ahornsirup
Maiskeimöl zum Ausbacken

Für den Mandarinen-Skyr

150 g Skyr
Schale und Saft von
1 Bio-Mandarine

Für die karamellisierten Nüsse

1 Handvoll Walnusskerne
1–2 EL Ahornsirup

 Zubereitungszeit | 10 Minuten
+ Zeit zum Ausbacken der Pancakes

Für 18 kleine Pancakes

ZUBEREITUNG:

1. Haferflocken mithilfe eines Stabmixers mahlen, bis sie eine mehlfeine Konsistenz haben. Dabei den Stabmixer auf und ab bewegen.
2. Danach alle Zutaten für den Teig mit dem Handrührgerät zu einer glatten Masse verarbeiten.
3. Die Pancakes in wenig Maiskeimöl in einer Pfanne ausbacken.
4. Den Skyr zusammen mit dem Schalenabrieb und dem Saft der Mandarine verrühren.
5. Walnüsse mit Ahornsirup in eine Pfanne geben und 5 Minuten bei mittlerer Hitze karamellisieren lassen.
6. Pancakes mit Skyr, Nüssen und viel frischem Obst servieren.

Benefit:

Buttermilch sorgt mit ihrem hohen Eiweißgehalt für eine schöne und straffe Haut. Haferflocken haben einen hohen Gehalt an Biotin, das die Zellregeneration anregt. Zudem kurbeln die Ballaststoffe der Haferflocken die Verdauung an. Walnüsse lassen mit Vitamin E die Haut strahlen.

FRUCHTIGER ZITRONEN-SKYR

mit frischer Minze

Nährwertangaben pro Portion:
83 kcal | 17 g EW | 0 g Fett | 3 g KH

ZUTATEN:

1 Bio-Zitrone
ca. 10 Minzeblättchen
300 g Skyr

 Zubereitungszeit | 10 Minuten

 Für 2 Personen

ZUBEREITUNG:

1. Die Zitrone heiß waschen und abtrocknen. Die Schale fein abreiben und den Saft auspressen.

2. Minzeblättchen waschen, trocken tupfen und in feine Streifen schneiden. Den Skyr mit Zitronenschale und Zitronensaft verrühren. Minzestreifen unterziehen. Den Skyr in Schalen füllen.

Variante:

Nach Geschmack den Skyr mit Erythrit süßen. Wer das Säuerliche liebt, garniert das Dessert noch mit Kumquatscheiben.

ROTE-BETE-SMOOTHIE
mit Ingwer

Nährwertangaben pro Portion:
192 kcal | 19 g EW | 5 g F | 16 g KH

ZUTATEN:

1 große Rote Bete
1 Stück Ingwer (2 cm)
200 g Skyr
180 g TK-Himbeeren
2 EL Hanfsamen
½ TL gemahlener Zimt

 Zubereitungszeit | 10 Minuten

 Für 2 Personen

ZUBEREITUNG:

1. Die Rote Bete gründlich waschen, schälen und grob zerkleinern (Einmalhandschuhe tragen, da die Bete abfärbt). Den Ingwer schälen und grob hacken.
2. Alle Zutaten mit 100 ml Wasser in einen Blender oder Standmixer geben und mixen.
3. In zwei Gläser füllen und sofort servieren.

OBSTKISTE
mit Matcha-Skyr und Basilikum

Nährwertangaben pro Portion:
372 kcal | 9 g EW | 14 g F | 48 g KH

ZUTATEN:

Für die Obstkiste

500 g Obst der Saison, z. B. Äpfel, Birnen, Aprikosen, Pampelmuse, Weintrauben, Kirschen, Erdbeeren

1 Handvoll Basilikum

1 Handvoll Granatapfelkerne

Saft von 1 Orange

1 EL Haselnussöl

1 EL Honig (nach Belieben)

Für den Matcha-Skyr

150 g Skyr

Mark von ½ Vanilleschote

1 Bio-Limette

1 TL Honig

1–2 TL Matcha-Pulver

1 Handvoll geröstete Mandelkerne, geröstet

ZUBEREITUNG:

1. Das Obst je nach Sorte und Frucht waschen, schälen und in kleine Stücke schneiden. Basilikum waschen, trocken tupfen, die Blättchen abzupfen und fein hacken. Den Obstsalat mit den Granatapfelkernen und fein geschnittenem Basilikum vermischen. Mit dem Saft der Orange und dem Haselnussöl marinieren und mit etwas Honig süßen.

2. Den Skyr mit dem Mark der Vanilleschote, etwas Abrieb und Saft der Limette und ein wenig Honig cremig rühren.

3. Je nach gewünschter Intensität 1–2 TL Matcha einrühren. Zum Schluss mit Mandelkernen verfeinern. Das marinierte Obst zusammen mit dem Matcha-Skyr servieren.

 Zubereitungszeit | 15 Minuten

 Für 2 Personen

JOHANNISBEER-LASSI
mit Grapefruitsaft

Nährwertangaben pro Portion:
177 kcal | 7 g EW | 1 g F | 35 g KH

ZUTATEN:

250 g frische Rote Johannisbeeren

1000 g Skyr

100 ml frisch gepresster Grapefruitsaft

2–4 EL Honig (nach Belieben)

⅓ TL Meersalz

Zum Servieren

Johannisbeerrispen

gemahlener Erythrit

 Zubereitungszeit | 5 Minuten

 Für 2 Personen
(Ergibt ca. 500 ml Lassi)

ZUBEREITUNG:

1. Die Johannisbeeren unter fließendem Wasser abbrausen, mithilfe einer Gabel die Beeren von den Rispen streifen und zusammen mit den restlichen Zutaten und 100 ml kaltem Wasser in einem Mixer fein pürieren. Für einige Zeit kalt stellen.

2. Erythrit in einem Standmixer zu Pulver mahlen. Damit der Lassi ein richtiger Augenschmaus wird, vor dem Servieren einige Rispen in gemahlenem Erythrit wälzen und zur Dekoration an den Glasrand hängen.

ROTE-BETE-HIMBEER-LASSI
mit würzigen Kichererbsen

Nährwertangaben pro Portion:
295 kcal | 14 g EW | 11 g F | 35 g KH

ZUTATEN:

Für die würzigen Kichererbsen

800 ml-Dose Kichererbsen (480 g Abtropfgewicht)

2 EL Rapsöl

4 EL Weizen-Vollkornmehl

1 EL Madras-Currypulver

1 TL gemahlener Kreuzkümmel

1 TL Meersalz

Für den Himbeer-Lassi

80 g Rote Bete (vakuumverpackt)

125 g Himbeeren

100 g Skyr

1 TL Bio-Ingwer, frisch gerieben

1 Spritzer frisch gepresster Limettensaft

Meersalz

1–2 EL Honig

2 Spieße mit Himbeeren als Garnierung

Zubereitungszeit | 15 Minuten
Backzeit | 20–30 Minuten

Für 2 Personen
(Ergibt ca. 500 ml Lassi)

ZUBEREITUNG DER WÜRZIGEN KICHERERBSEN:

1. Den Backofen auf 220 °C (Umluft) vorheizen. Die Kichererbsen mit kaltem Wasser abbrausen, gut abtropfen lassen und mit dem Rapsöl verrühren. Mit den restlichen Zutaten gut vermengen und auf ein mit Backpapier ausgelegtes Blech geben. 20–30 Minuten im heißen Ofen (Mitte) knusprig backen, zwischendurch umrühren.

2. Die würzigen Kichererbsen auskühlen lassen und entweder sofort verzehren oder für später luftdicht aufbewahren.

ZUBEREITUNG DES HIMBEER-LASSI:

1. Die Rote Bete grob würfeln und zusammen mit den Himbeeren, dem Skyr und 120 ml kaltem Wasser in einem Mixer fein pürieren.

2. Mit frisch geriebenem Ingwer und 1 Spritzer Limettensaft verfeinern. Zum Schluss nur noch mit 1 Prise Salz und Honig nach Belieben abschmecken. Ergibt ca. 500 ml Lassi.

3. Gut gekühlt mit 2 Himbeerspießen servieren.

HEIDELBEEREN
mit Skyr-Mascarpone-Creme

Nährwertangaben pro Portion:
523 kcal | 7 g EW | 47 g F | 18 g KH

ZUTATEN:

50 g Heidelbeeren
40 g Mascarpone
120 g Skyr
1–2 EL frisch gepresster Zitronensaft
½ EL Erythrit

 Zubereitungszeit | 5 Minuten

 Für 1 Person

ZUBEREITUNG:

1. Die Heidelbeeren verlesen, vorsichtig waschen und mit Küchenpapier trocken tupfen.
2. Zwei Drittel der Beeren und Mascarpone, Skyr, Erythrit und Zitronensaft in eine Schüssel geben und alles mit einem Pürierstab cremig pürieren.
3. Die Creme in zwei Schalen füllen und mit den restlichen Heidelbeeren angerichtet servieren.

STRAMME FORELLE
mit Kresse und Meerrettich

Nährwertangaben pro Portion:
400 kcal | 39 g E | 17 g F | 22 g KH

ZUTATEN:

2 Scheiben Brot (à ca. 50 g)
2 TL Butter
2 Eier (Größe M)
Salz, Pfeffer
1 Schale Gartenkresse
40 g Magerquark
80 g Skyr
200 g Räucherforellenfilets
1 Stange Meerrettich

 Zubereitungszeit | 10 Minuten

 Für 2 Personen

ZUBEREITUNG:

1. Die Brotscheiben im Toaster kross backen, kurz auskühlen lassen und mit je ½ TL Butter bestreichen.
2. 1 TL Butter in einer beschichteten Pfanne erhitzen und die Eier darin zu Spiegeleiern braten. Mit Salz und Pfeffer würzen.
3. Inzwischen die Kresse mit der Schere vom Beet schneiden und mit Quark sowie Skyr vermengen. Mit Salz und Pfeffer abschmecken und auf den Broten verteilen.
4. Die Forellenfilets mithilfe von 2 Gabeln in Stücke zupfen und auf die Brote verteilen. Je 1 Spiegelei darauf setzen.
5. Den Meerrettich schälen und nach Geschmack etwas davon über die Brote reiben.

Tipp:
Frischer Meerrettich lässt sich super in Küchenpapier gewickelt mehrere Wochen im Gemüsefach des Kühlschranks aufbewahren. Man kann ihn auch geschält einfrieren und nach Bedarf gefroren reiben. So bleibt er monatelang frisch.

VORSPEISEN

CAPRESE
mit Roter Bete und Skyr

Nährwertangaben pro Portion:
190 kcal | 8 g EW | 10 g F | 16 g KH

ZUTATEN:

3 EL Kürbiskerne
300 g Rote Bete (vakuumiert)
2 TL Sojasauce
100 g Skyr
1 EL Kürbiskernöl
1 TL Meerrettich (aus dem Glas)
Salz, Pfeffer

 Zubereitungszeit | 20 Minuten

 Für 2 Personen

ZUBEREITUNG:

1. Die Kürbiskerne grob mit einem großen Messer hacken und in einer Pfanne ohne Zugabe von Fett anrösten.

2. Die Rote Bete (am besten mit Einweghandschuhen) in dünne Scheiben schneiden. Die Scheiben kreisförmig auf 2 Tellern verteilen und mit Sojasauce beträufeln.

3. In den Skyr das Kürbiskernöl und 1 TL Meerrettich einrühren. Mit Salz und Pfeffer abschmecken. Den Skyrgemix als Kleckse auf der Roten Bete verteilen und zum Schluss mit den gerösteten Kürbiskernen bestreuen.

Tipp:
Dazu schmeckt 1 Scheibe Roggenvollkornbrot (50 g) mit 25 g fettreduziertem Frischkäse (150 kcal | 7 g EW | 2 g F | 24 g KH).

SALAT-BOWL
„mediterran"

Nährwertangaben pro Portion:
552 kcal | 17 g EW | 30 g F | 65 g KH

ZUTATEN:

Für den Salat

100 g Buchweizen
150 ml Kokosmilch (Dose)
1 Fenchelknolle
Olivenöl
Salz, Pfeffer
6 Radieschen
½ Bio-Salatgurke
100 g Cocktailtomaten
1 Handvoll Blattsalat
1 Apfel (z. B. Granny Smith)
100 g Wassermelone
frische Gartenkräuter
(z. B. Dill und Majoran)
1 EL Sesam

Für das Dressing

¼ Bund frischer Dill
150 g Skyr
Saft von 1 Zitrone
1 EL Olivenöl
1 TL Honig
Salz, Pfeffer

 Zubereitungszeit | 45 Minuten

 Für 2 Personen

ZUBEREITUNG:

1. Den Buchweizen in ein Sieb geben und mit Wasser abspülen, bis es klar ist. Anschließend mit etwa 120 ml Wasser und der Kokosmilch in einen Topf geben und aufkochen. Die Temperatur reduzieren und den Buchweizen unter ständigem Rühren weitere 15 Minuten köcheln lassen.

2. Den Backofen auf 180 °C (Ober-/Unterhitze) vorheizen. Ein Backblech mit Backpapier auslegen. Die Fenchelknolle waschen, vom Strunk befreien und in Scheiben schneiden. Anschließend mit etwas Olivenöl, Salz und Pfeffer marinieren und etwa 10 Minuten backen, bis die Scheiben weich und goldbraun sind.

3. Für das Dressing den Dill waschen, trocken schütteln und zerpflücken. Gemeinsam mit den anderen Zutaten und 3 EL Wasser zu einem Dressing verrühren. Beiseitestellen und kurz ziehen lassen.

4. Das restliche Gemüse und den Apfel waschen. Die Radieschen und die Gurke in dünne Scheiben schneiden. Die Cocktailtomaten vierteln, den Apfel in feine Spalten schneiden und den Salat zerpflücken. Die Wassermelone in etwa 1 cm große Würfel schneiden. Alle Salatzutaten in eine Schüssel geben und durchmischen.

5. Die Gartenkräuter waschen, trocken tupfen und grob hacken. Den Buchweizen auf zwei Teller verteilen. Den Salat darübergeben und mit dem gebackenen Fenchel, gehackten Gartenkräutern und Sesam dekorieren. Vor dem Servieren das Dressing darüberträufeln.

Tipp:

Die Inspiration für diese Bowl stammt aus der Küche Korsikas. Der leicht säuerliche Apfel bildet einen Ausgleich zu den süßen, sonnengereiften Tomaten und den leicht bitter-würzigen Radieschen.

BUCHWEIZENCRÊPES
mit Skyr-Lachs-Füllung

Nährwertangaben pro Portion:
547 kcal | 37 g EW | 18 g F | 57 g KH

ZUTATEN:

Für die Crêpes
125 g Buchweizenmehl
1 Ei (Größe M)
250 g Skyr
1 EL Olivenöl
50 ml Milch (1,5 % Fett)
Salz

Für die Frischkäse-Lachs-Füllung
100 g Skyr
100 g geräucherter Lachs
Saft von ½ Zitrone
1 EL Olivenöl
2 EL frisch gehackter Dill
Salz, Pfeffer

Außerdem:
Rapsöl zum Braten

 Zubereitungszeit | 40 Minuten

 Für 2 Personen

ZUBEREITUNG:

1. Für die Crêpes in einer Schüssel das Mehl mit Ei, Skyr, Olivenöl, Milch und Salz zu einem dickflüssigen glatten Teig verquirlen. Bei Bedarf noch etwas Milch hinzufügen.

2. Für die Füllung den geräucherten Lachs klein würfeln und unter den Skyr rühren. Die Mischung mit Zitronensaft, Olivenöl, Dill, Salz und Pfeffer abschmecken.

3. In einer beschichteten Pfanne wenig Rapsöl erhitzen. Den Teig nochmals durchrühren und 4 dünne Crêpes ausbraten. Auf einem Küchenpapier abtropfen lassen.

4. Die Füllung auf die Crêpes verteilen, verstreichen und aufrollen. Nach Belieben mittig schräg halbieren. Entweder sofort anrichten oder zum Mitnehmen in ein geeignetes Gefäß geben und bis zum Servieren in den Kühlschrank stellen.

Benefit:
Köstliche Crêpes, die Falten glätten: Lachs enthält reichlich Omega-3-Fettsäuren, die für eine geschmeidige und faltenfreie Haut sorgen. Obendrein unterstützen enthaltenes Selen und Kupfer die Produktion von Kollagen. Buchweizen liefert reichlich Ballaststoffe, die den Blutzuckerspiegel konstant halten und satt machen, zudem liefert er zellschützende Antioxidantien.

LINSENSALAT
mit Skyr-Tsatsiki

Nährwertangaben pro Portion:
365 kcal | 23 g EW | 13 g F | 26 g KH

ZUTATEN:

Für den Salat

200 g Linsen (aus der Dose)
½ Bund frisches Koriandergrün
50 g grüne Oliven
1 Handvoll Feldsalat
1 Avocado

Für das Dressing

Saft von einer ½ Zitrone
1 EL Olivenöl
1 EL Honig
Salz

Für das Tsatsiki

½ Bio-Salatgurke
150 g Skyr
Saft von ½ Zitrone
1 TL Honig
Salz

ZUBEREITUNG:

1. Die Linsen abgießen, gut abtropfen lassen und in eine Schüssel geben. Das Koriandergrün waschen und zusammen mit den Oliven hacken. Anschließend zu den Linsen geben.

2. Aus Zitronensaft, etwas Wasser, Olivenöl und Honig ein Dressing anrühren. Mit 1 Prise Salz abschmecken und über den Linsensalat geben. Durchmischen und 15 Minuten ziehen lassen.

3. Für das Tsatsiki die Gurke waschen, raspeln und in einem Sieb etwa 10 Minuten abtropfen lassen. Den Skyr in eine Schüssel geben. Die Gurke, den Zitronensaft, den Honig und 1 Prise Salz zu einem cremigen Tsatsiki verrühren.

4. Den Feldsalat waschen und trocken schleudern. Die Avocado schälen, vom Kern befreien und in dünne Streifen schneiden. Gemeinsam mit dem Feldsalat, dem Linsensalat und dem Tsatsiki portionsweise auf zwei Tellern anrichten.

Zubereitungszeit | 20 Minuten

Für 2 Personen

Benefit:

Dieser erfrischende Salat enthält alles, was ein Wohlfühlgericht mit sich bringen muss. Der ausgewogene Geschmack und die Vielzahl an Proteinen und gesunden Fetten machen satt und glücklich.

KARTOFFELSUPPE
mit Haferflocken

Nährwertangaben pro Portion:
297 kcal | 15 g EW | 11 g F | 34 g KH

ZUTATEN:

1 Zwiebel
600 g mehlig kochende Kartoffeln
2 Stangen Lauch
2 EL Rapsöl
1 l Gemüsebrühe
40 g zarte Haferflocken
2 Lorbeerblätter
Salz, Pfeffer
frisch geriebene Muskatnuss
½ Bund Petersilie
250 g Skyr

 Zubereitungszeit | 30 Minuten

 Für 4 Personen

ZUBEREITUNG:

1. Die Zwiebel schälen und fein hacken. Die Kartoffeln schälen und klein würfeln. Den Lauch putzen, waschen und klein schneiden.

2. Das Öl in einem großen Topf erhitzen und die Zwiebel darin glasig anschwitzen. Die Kartoffeln und den Lauch zugeben und kurz anbraten. Mit der Gemüsebrühe aufgießen und die Haferflocken zufügen. Die Lorbeerblätter zugeben und alles mit Salz, Pfeffer und Muskatnuss würzen. Zugedeckt bei niedriger Hitze 15–18 Minuten köcheln lassen, dabei gelegentlich umrühren.

3. Inzwischen die Petersilie waschen, trocken schütteln und fein hacken. Die Lorbeerblätter entfernen und Skyr sowie die Sahne zufügen. Die Suppe noch einmal aufkochen. Dann mit dem Stabmixer pürieren und nochmals abschmecken. Auf Teller verteilen und mit Petersilie bestreut servieren.

Benefit:
Lauch gehört zu den Präbiotika und ist ein hervorragendes Bauchschmeichler-Gemüse, das die guten Darmbakterien lieben.

APFEL-MÖHREN-SALAT

Nährwertangaben pro Portion:
165 kcal | 9 g EW | 4 g F | 22 g KH

ZUTATEN:

1 Bio-Zitrone

100 g Skyr

1 Msp. mittelscharfer Senf

Salz

schwarzer Pfeffer (aus der Mühle)

*½ TL Apfeldicksaft
(alternativ Ahornsirup)*

1 kleines Kopfsalatherz

250 g Möhren

*2 mittelgroße Äpfel
(z. B. Elstar)*

1 EL Haselnussblättchen

Zucker

 Zubereitungszeit | 20 Minuten

 Für 2 Personen

ZUBEREITUNG:

1. Die Zitrone heiß waschen, mit Küchenpapier trocken reiben und mit einer Reibe die Hälfte der Schale fein abreiben. Die Zitrone so schälen, dass auch die weiße Haut entfernt wird. Zwischen den Hautsegmenten 4 Zitronenfilets herausschneiden, das restliche Fruchtfleisch auspressen.

2. Skyr und Senf verrühren. Mit Salz und Pfeffer würzen und mit Apfeldicksaft sowie etwas Zitronensaft abschmecken.

3. Kopfsalatherz entblättern, waschen und trocken schütteln. Die Möhren schälen und grob raspeln. Die Äpfel schälen, entkernen, in Stifte schneiden und mit restlichem Zitronensaft beträufeln. Möhren und Zitronenabrieb locker unterheben.

4. Die Kopfsalatblätter auf zwei Teller verteilen. Mit Möhren und Äpfeln belegen. Die Zitronenfilets klein schneiden und darauf geben. Alles mit Zitronenskyr beträufeln. Die Haselnussblättchen in einer beschichteten heißen Pfanne kurz rösten. Mit 1 Prise Zucker bestreuen und, sobald sich dieser aufgelöst hat, den Pfanneninhalt auf den Salattellern verteilen.

Tipp:

Äpfel oder Birnen verfärben sich beim Anschneiden schnell bräunlich. Optisch sieht das natürlich nicht so appetitlich aus, jedoch kann das verfärbte Fruchtfleisch bedenkenlos gegessen werden. Um dieser Verfärbung vorzubeugen, werden diese Lebensmittel mit Zitronensaft beträufelt. Nach Belieben passen auch frisch gehackte Kräuter wie Kresse, Petersilie oder Kerbel sehr gut zu diesem Salat, man kann diese beispielsweise ins Dressing einrühren. Lecker, leicht und gesund!

KICHERERBSENKUCHEN
mit Skyr-Topping

Nährwertangaben pro Portion:
538 kcal | 34 g EW | 18 g F | 58 g KH

ZUTATEN:

Für den Teig

100 g Baby-Spinat
1 Zwiebel
1 Knoblauchzehe
2 EL Olivenöl
200 g Kichererbsenmehl
1 TL Salz
½ TL Backpulver
¼ TL frisch gemahlener schwarzer Pfeffer
5 g Bio-Kurkumawurzel (siehe Tipp)
125 g Skyr

Für das Topping

100 g Skyr
2 EL frische gehackte Kräuter
6 Radieschen

 Zubereitungszeit | 30 Minuten
Backzeit | 12–15 Minuten

 Für 2 Personen

ZUBEREITUNG:

1. Den Backofen auf 200 °C Ober-/Unterhitze vorheizen.

2. Den Spinat verlesen, waschen, trocken schleudern und grob hacken. Zwiebel und Knoblauch schälen und beides fein hacken. Das Olivenöl in einer ofenfesten Pfanne erhitzen, Spinat, Zwiebel und Knoblauch darin kurz andünsten.

3. Das Kichererbsenmehl in einer Schüssel mit Salz, Backpulver und Pfeffer mischen. Die Kurkumawurzel fein raspeln, mit Skyr und 100 ml Wasser zum Mehlgemisch geben und alles zu einem geschmeidigen Teig verarbeiten. Den Spinat unter den Teig mischen. Den Teig in dieselbe ofenfeste Pfanne geben und im heißen Backofen (Mitte) in 12–15 Minuten goldbraun backen.

4. Inzwischen für das Topping die Kräuter in den Skyr einrühren.

5. Die Radieschen putzen, waschen, trocken tupfen und in feine Scheiben schneiden.

6. Den Kichererbsenkuchen herausnehmen und kurz auskühlen lassen, anschließend mit Skyr-Topping bestreichen, mit den Radieschenscheiben belegen und genießen.

Tipp:

Die Bio-Kurkumawurzel muss nicht geschält werden. Herkömmliche Kurkumawurzeln jedoch immer schälen. Wer sich erst einmal an den fernöstlichen Geschmack gewöhnen möchte, halbiert einfach die Menge an Kurkuma und steigert sie langsam. Der Kichererbsenkuchen schmeckt auch wunderbar mit Tomaten und frischem Basilikum als Topping.

PASTINAKENSUPPE
mit Rucola-Pesto

Nährwertangaben pro Portion:
500 kcal | 14 g EW | 35 g F | 34 g KH

ZUTATEN:

Für die Suppe

1 Zwiebel
800 g Pastinaken
2 EL Olivenöl
800 ml Gemüsebrühe
250 g Skyr
Salz, Pfeffer

Für das Rucola-Pesto

50 g Rucola
1 kleine Knoblauchzehe
½ Zitrone
50 g Cashewkerne
80 ml Olivenöl,
nach Bedarf etwas mehr
Salz, Pfeffer

 Zubereitungszeit | 25 Minuten

 Für 4 Personen

ZUBEREITUNG:

1. Für die Suppe die Zwiebel schälen und fein hacken. Die Pastinaken schälen und grob würfeln. Das Öl in einem Topf erhitzen und die Zwiebel darin anschwitzen. Die Pastinaken zugeben und kurz anbraten. Mit Gemüsebrühe aufgießen. Alles aufkochen und zugedeckt bei niedriger Hitze 15–18 Minuten köcheln lassen.

2. Alles mit dem Stabmixer pürieren, den Skyr zugeben und nochmals aufkochen. Mit Salz und Pfeffer abschmecken.

3. Inzwischen für das Pesto den Rucola waschen, trocken schütteln und grob zerkleinern. Die Knoblauchzehe schälen und fein hacken. Die Zitrone auspressen. Die Cashewkerne grob hacken. In einer Küchenmaschine oder im Blitzhacker alles fein mixen. Dabei so viel Olivenöl in einem dünnen Strahl dazugießen, bis das Pesto die gewünschte Konsistenz erreicht hat. Mit Salz und Pfeffer abschmecken.

4. Die Pastinakensuppe mit einem Klecks Rucola-Pesto servieren.

Benefit:
Pastinaken gehören zu den Gemüsesorten, die reichlich Ballaststoffe sowie Präbiotika enthalten – ein Festmahl für unsere Darmbakterien.

GURKEN-KARTOFFELSALAT

„light"

Nährwertangaben pro Portion:
269 kcal | 11 g EW | 2 g F | 49 g KH

ZUTATEN:

500 g vorwiegend festkochende Kartoffeln

½ Salatgurke

1 kleine Zwiebel

200 g Skyr

2 EL Senf

Salz, Pfeffer

4 EL gehackter Dill (nach Belieben)

 Zubereitungszeit | 40 Minuten
Durchziehen | 2 Stunden

 Für 2 Personen

ZUBEREITUNG:

1. Kartoffeln waschen und in leicht gesalzenem Wasser etwa 20 Minuten garen. Abgießen, abschrecken, pellen und dann in Scheiben schneiden.

2. Gurke waschen, schälen und in Scheiben schneiden. Zwiebel abziehen und sehr fein hacken. Aus Skyr, Senf, Salz und Pfeffer eine Marinade zubereiten. Marinade mit Kartoffel- und Gurkenscheiben sowie Zwiebeln verrühren und ca. 2 Stunden ziehen lassen. Zum Servieren nach Belieben mit 4 EL gehacktem Dill garnieren.

SCHINKEN-WRAP
mit Zucchini

Nährwertangaben pro Stück:
234 kcal | 23 g EW | 9 g F | 16 g KH

ZUTATEN:

Für die Creme

300 g Skyr
Salz, Pfeffer
2 EL Zitronensaft

Für die Wraps

2 mittelgroße Zucchini
2 EL Olivenöl
Salz, Pfeffer
100 g Rucola
4 Tortilla-Wraps
(Weizenfladen, Ø ca. 25 cm)
8 Scheiben Kochschinken

 Zubereitungszeit | 20 Minuten

 Für 4 Personen

ZUBEREITUNG:

1. Für die Creme Skyr mit Salz, Pfeffer und Zitronensaft abschmecken.

2. Für die Füllung die Zucchini putzen, waschen und längs in je 8 dünne Scheiben schneiden. In einer Pfanne das Öl erhitzen und die Zucchinischeiben darin von beiden Seiten 2–3 Minuten anbraten. Salzen und pfeffern. Den Rucola waschen, verlesen und trocken schütteln. In mundgerechte Stücke zupfen.

3. Die Wraps nach Packungsanleitung kurz erwärmen und mit der Skyr-Creme bestreichen. Je 2 Schinken- und 4 Zucchinischeiben darauflegen. Den Rucola darüber verteilen. Die Wraps aufrollen, mittig schräg halbieren und servieren.

ERFRISCHEND KALTE GURKENSUPPE

Nährwertangaben pro Portion:
87 kcal | 4 g EW | 2 g F | 12 g KH

ZUTATEN:

1 große Salatgurke

¼ kleines Bund Petersilie

200 ml kalte Gemüsebrühe

Saft und Schale von ¼ Bio-Zitrone

150 g Skyr

 Zubereitungszeit | 10 Minuten

 Für 2 Personen

ZUBEREITUNG:

1. Die Salatgurke schälen, längs halbieren und mit einem Löffel entkernen. Die Gurkenhälften in kleine Stücke schneiden. Die Petersilie waschen, trocken schütteln und die Blättchen grob zerschneiden.

2. Alle Zutaten verrühren und mit einem Pürierstab fein pürieren. Die kalte Suppe mit Salz und Pfeffer würzen.

Tipp:
Bei sommerlichen Temperaturen zusätzlich einige Eiswürfel unter die erfrischende Suppe mixen.

MANGO-KURKUMA-LASSI
mit Limette und Honig

Nährwertangaben pro Portion:
155 kcal | 12 g EW | 2 g F | 21 g KH

ZUTATEN:

200 g Mango, entkernt und ohne Schale

200 g Skyr

40 ml frisch gepresster Limettensaft

1 TL geriebene Bio-Kurkumawurzel (siehe Tipp S. 52)

½ TL geriebener Ingwer

Meersalz

Honig

Minze als Garnitur

Zubereitungszeit | 5 Minuten
Kühlzeit | mind. 15 Minuten

Für 2 Personen
(Ergibt ca. 500 ml Lassi)

ZUBEREITUNG:

1. Die Mango schälen und das Fruchtfleisch vom Stein schneiden. Dann das Mango-Fruchtfleisch zusammen mit Skyr, Limettensaft und 100 ml kaltem Wasser in einem Mixer fein pürieren. Anschließend mit frisch geriebenem Kurkuma sowie etwas Ingwer verfeinern. Zum Schluss noch mit 1 Prise Salz und Honig abschmecken.

2. Gut gekühlt mit etwas Minze servieren.

Tipp:
Der Mango-Lassi ist ein echter Klassiker! In Indien wird er oft zu scharfen Currys serviert. Der Skyr macht den Lassi nicht nur cremig, sondern mildert auch die Schärfe. Zudem ist er das perfekte Getränk an heißen Sommertagen! Exotischer wird der Mango-Lassi mit 1 Prise frisch gemahlenem Kardamom.

PIKANTE HAFERMUFFINS
mit Skyr und Frühlingszwiebeln

Nährwertangaben pro Stück:
115 kcal | 6 g EW | 5 g F | 14 g KH

ZUTATEN:

Öl für die Form
4 Frühlingszwiebeln
2 Eier (Größe M)
250 g Skyr
3 EL Olivenöl
3 EL zarte Haferflocken
200 g Weizen-Vollkornmehl
2 TL Backpulver
Salz

Zubereitungszeit | 10 Minuten
Backzeit 15 Minuten

Für 12 Stück
(12er Muffinblech)

ZUBEREITUNG:

1. Den Ofen auf 180 °C vorheizen. Ein Muffinblech mit Öl einfetten. Alternativ Förmchen aus Papier oder Silikon verwenden. Die Frühlingszwiebeln putzen, waschen und in feine Röllchen schneiden. Die Eier mit dem Skyr und Olivenöl in einer Schüssel verrühren. Die Frühlingszwiebeln und die Haferflocken unterrühren.

2. Das Mehl mit Backpulver und ½ TL Salz mischen, zur Skyrmasse sieben und kurz unterrühren. Den Teig in die Vertiefungen des Muffinblechs füllen und im Ofen in 15 Minuten goldbraun backen. Herausnehmen und abkühlen lassen.

CREMIGE ERBSENSUPPE
mit Flusskrebsen

Nährwertangaben pro Portion:
263 kcal | 21 g EW | 11 g F | 19 g KH

ZUTATEN:

250 g TK-Erbsen
¼ Bund Dill
250 ml kalte Gemüsebrühe
150 g Skyr
100 g geschälte Flusskrebse
1 EL Olivenöl
Salz, Pfeffer
Cayennepfeffer

 Zubereitungszeit | 20 Minuten

 Für 2 Personen

ZUBEREITUNG:

1. Die tiefgefrorenen Erbsen in kochendem Salzwasser etwa 2 Minuten garen. Dann in ein Sieb abgießen, mit kaltem Wasser abschrecken und abtropfen lassen. Den Dill waschen, trocken schütteln und die Dillspitzen fein hacken.

2. Die Erbsen mit Gemüsebrühe, Olivenöl und Skyr im Standmixer pürieren. Mit Salz, Pfeffer und Cayennepfeffer würzen. Den Dill unterrühren. Die Flusskrebse auf zwei Portionsschalen verteilen und mit der kalten Erbsensuppe begießen.

KOHLRABI-SKYR-SUPPE
mit gebratenen Pilzen

Nährwertangaben pro Portion:
312 kcal | 1 g EW | 16 g F | 27 g KH

ZUTATEN:

1 Zwiebel
200 g mehligkochende Kartoffeln
200 g Kohlrabi
3 EL Olivenöl
500 ml Gemüsebrühe
1 Bund Schnittlauch
200 g Champignons
200 g Skyr
frisch geriebene Muskatnuss
Salz, Pfeffer

 Zubereitungszeit | 20 Minuten

 Für 2 Personen

ZUBEREITUNG:

1. Die Zwiebel schälen und fein hacken. Kartoffeln und Kohlrabi schälen und grob zerkleinern.

2. 2 EL Öl in einem großen Topf erhitzen und die Zwiebeln darin glasig anschwitzen. Kartoffeln und Kohlrabi zugeben, die Gemüsebrühe aufgießen und alles bei schwacher Hitze ca. 15 Minuten köcheln lassen, bis das Gemüse weich ist.

3. Inzwischen den Schnittlauch waschen, trocken schütteln und in Röllchen schneiden. Die Pilze säubern und in Scheiben schneiden. In einer beschichteten Pfanne das restliche Öl erhitzen und die Pilze rundum anbraten.

4. Den Skyr zur Suppe geben und alles mit einem Stabmixer fein pürieren. Mit Muskatnuss, Salz und Pfeffer abschmecken. Die Pilze auf die Suppe geben und mit Schnittlauch bestreut servieren.

KRÄUTER-*Skyr*

Nährwertangaben pro Portion:
ca. 155 kcal | 15 g EW | 7 g F | 8 g KH

ZUTATEN:

1 Schalotte
1 Bund Frühlingskräuter (siehe Tipp)
250 g Skyr
1 EL Crème légère
Salz, Pfeffer
2 Msp. gemahlener Kreuzkümmel
1 Msp. Chilipulver (nach Belieben)

 Zubereitungszeit | 15 Minuten

 Für 2 Personen

ZUBEREITUNG:

1. Die Schalotte schälen und fein würfeln. Die Kräuter waschen, trocken schütteln, Blättchen abzupfen und fein hacken.

2. Den Skyr mit Crème légère glatt rühren, Schalottenwürfel und gehackte Kräuter unterheben. Mit Salz, Pfeffer und Kreuzkümmel würzen. Nach Belieben mit Chilipulver pikant abschmecken.

Tipp:

„Frühlingskräuter" enthalten meist die gängigen Küchenkräuter Petersilie, Dill, Schnittlauch und Basilikum, ergänzt durch beispielsweise Kerbel, Liebstöckel oder Estragon.

FALSCHER „HUMMUS" *mit Knabbergemüse*

Nährwertangaben pro Portion:
ca. 155 kcal | 7 g EW | 9 g F | 12 g KH

ZUTATEN:

30 g Sonnenblumenkerne
2 TL Mandelmus
4 EL Skyr
etwas Zitronensaft
Salz
1 Prise Kreuzkümmel
200 g rohes Gemüse
(z. B. Möhren, Staudensellerie, Paprika oder Salatgurke)

 Zubereitungszeit | 15 Minuten

 Für 2 Personen

ZUBEREITUNG:

1. Die Sonnenblumenkerne mit Mandelmus, Skyr und etwas Zitronensaft in einen kleinen, hohen Rührbecher geben und fein pürieren. Dann das „Hummus" mit Salz und Kreuzkümmel würzen und in ein Schälchen füllen.

2. Das Gemüse waschen und je nach Sorte putzen und schälen. Gemüse in mundgerechte Sticks schneiden. Die Sticks zum Dippen mit dem „Hummus" servieren.

ZUCCHINI-KAROTTEN-KÜCHLEIN
mit Kräuter-Skyr

Nährwertangaben pro Portion:
62 kcal | 6 g EW | 1 g F | 7 g KH

ZUTATEN:

200 g Möhren
1 kleine Zucchini
2 Frühlingszwiebeln
1 kleine Knoblauchzehe
50 g Magerquark
2–3 EL Kichererbsenmehl
1 TL getrockneter Oregano
Salz, Pfeffer
3 EL Olivenöl

Für den Kräuter-Skyr

50 g Magerquark
200 g Skyr
Salz, Pfeffer
1 Bund Schnittlauch
Chiliflocken
(nach Belieben)

 Zubereitungszeit | 25 Minuten

 Für 2 Personen (8–10 Stück)

ZUBEREITUNG:

1. Die Möhren schälen und die Zucchini waschen und putzen. Beides grob raspeln. Die Frühlingszwiebeln waschen, putzen und in Ringe schneiden. Die Knoblauchzehe schälen und fein hacken. Alles in einer Schüssel vermengen. Magerquark und Kichererbsenmehl unterrühren. Kräftig mit Oregano, Salz und Pfeffer würzen.

2. In einer beschichteten Pfanne das Öl erhitzen und je 1 EL der Masse hineinsetzen. Die Küchlein bei mittlerer Hitze in 3–4 Minuten gold-braun anbraten, wenden und in 3–4 Minuten fertig braten.

3. Für den Kräuter-Skyr den Quark mit dem Skyr verrühren und mit Salz und Pfeffer würzen. Den Schnittlauch waschen, trocken schütteln, in Röllchen schneiden und unterheben. Nach Belieben mit Chiliflocken abschmecken.

4. Die Zucchini-Karotten-Küchlein mit dem Kräuter-Skyr servieren.

SÜSSKARTOFFELN
mit Mangoldgemüse und Skyr-Dip

Nährwertangaben pro Portion:
485 kcal | 14 g EW | 8 g F | 87 g KH

ZUTATEN:

4 große Süßkartoffeln (à ca. 400 g)

600 g Mangold (am besten gelb- und rotstieliger)

1 Knoblauchzehe

4 Frühlingszwiebeln

2 EL Olivenöl

200 g Skyr

Salz, Pfeffer

Schale von 1 Bio-Zitrone

 Zubereitungszeit | 55 Minuten

 Für 4 Personen

ZUBEREITUNG:

1. Den Backofen auf 200 °C (Umluft) vorheizen. Die Süßkartoffeln gründlich waschen, in Alufolie wickeln und auf der mittleren Schiene im Ofen etwa 50 Minuten backen.

2. Inzwischen den Mangold putzen und waschen. Die Stiele am Blattansatz abschneiden und klein würfeln. Die Blätter halbieren und in feine Streifen schneiden. Den Knoblauch schälen und fein hacken. Die Frühlingszwiebeln putzen, waschen und schräg in Ringe schneiden.

3. In einem Topf das Öl erhitzen und Knoblauch darin anschwitzen. Mangoldstiele zugeben und 5 Minuten anbraten. Die Blätter zufügen und weitere 5 Minuten braten. Mit Salz und Pfeffer würzen.

4. Den Skyr mit Zitronenabrieb, Salz und Pfeffer verrühren.

5. Die Süßkartoffeln aus dem Backofen nehmen und aus der Alufolie lösen. Auf Tellern anrichten, längs bis zur Hälfte einschneiden und etwas auseinanderdrücken. Mit Salz und Pfeffer würzen. Die Süßkartoffeln mit dem Mangoldgemüse füllen und die Frühlingszwiebeln darüberstreuen. Mit Skyr beträufelt servieren.

KÜRBIS-LASAGNE
mit Skyr-Mozzarella

Nährwertangaben pro Portion:
553 kcal | 43 g EW | 20 g F | 50 g KH

ZUTATEN:

500 g Hokkaido-Kürbis
3 große Tomaten
500 g Skyr
100 ml Milch
150 g Bergkäse
50 g Parmesan
Salz, Pfeffer
frisch geriebene Muskatnuss
12–13 Lasagneblätter
1 Kugel (à 125 g) Skyr-Mozzarella (z. B. Skyrella®)

Außerdem
Pflanzenmargarine für die Form

 Zubereitungszeit | 20 Minuten
Backzeit | 45 Minuten

 Für 4 Personen

ZUBEREITUNG:

1. Den Kürbis putzen, waschen und von den Kernen befreien. Das Fruchtfleisch in dünne Spalten schneiden. Die Tomaten waschen, halbieren und jeweils den Stielansatz entfernen. Anschließend das Fruchtfleisch klein würfeln.

2. Den Skyr und die Milch verquirlen. Den Bergkäse und den Parmesan reiben und unterrühren. Die Masse anschließend mit Salz, Pfeffer und Muskatnuss abschmecken.

3. Den Backofen auf 200 °C (Umluft) vorheizen. Eine Auflaufform mit Pflanzenmargarine ausfetten. Eine Schicht Nudelblätter in die Form legen, ein Drittel der Kürbisspalten und Tomaten darauf verteilen und etwas Käsemasse darübergießen. Zwei weitere Lagen einschichten, dabei mit Nudelblättern und Käsemasse abschließen. Den Skyr-Mozzarella abtropfen lassen, klein zupfen und zuletzt auf der Lasagne verteilen.

4. Die Lasagne im Ofen auf der mittleren Schiene etwa 45 Minuten backen. Bei Bedarf die Lasagne mit Alufolie abdecken, damit der Käse nicht zu stark bräunt. Aus dem Ofen nehmen und vor dem Servieren kurz abkühlen lassen.

PANNFISCH
„Seemannsschmaus"

Nährwertangaben pro Portion:
488 kcal | 41 g EW | 20 g F | 35 g KH

ZUTATEN:

400 g vorwiegend festkochende Kartoffeln

Salz

250 g Rotbarschfilet (alternativ Seelachsfilet)

2 EL frisch gepresster Zitronensaft

3 EL Rapsöl

200 g Skyr

frische Küchenkräuter (z. B. Dill, Petersilie und Schnittlauch)

Pfeffer

 Zubereitungszeit | 40 Minuten

 Für 2 Personen

ZUBEREITUNG:

1. Kartoffeln waschen und in gesalzenem Wasser 20 Minuten garen. Abgießen, auskühlen lassen, pellen und in Scheiben schneiden.

2. Fischfilet kalt abbrausen, trocken tupfen und in mundgerechte Stücke schneiden. Mit Zitronensaft, Salz und Pfeffer würzen.

3. 2 EL Öl in einer beschichteten Pfanne erhitzen, die Kartoffeln darin braten. Herausnehmen und warm stellen. Den Fisch in derselben Pfanne braten, dann die Kartoffeln zurück in die Pfanne geben und alles mit Salz und Pfeffer würzen.

4. Den Skyr mit 1 EL Öl cremig rühren, dann mit 4 EL frisch gehackten Küchenkräutern, Salz und Pfeffer abschmecken. Fisch und Kartoffeln zusammen mit dem Skyr-Dip servieren.

GEFÜLLTE PAPRIKA
mit Bulgur-Tomaten-Mix

Nährwertangaben pro Portion:
333 kcal | 21 g EW | 8 g F | 44 g KH

ZUTATEN:

80 g Bulgur
Salz
2 große gelbe Paprika
300 g Tomaten
150 g Skyr-Mozzarella
(z. B. Skyrella®)
2 EL gehackte Petersilie
1 TL Garam Masala
Pfeffer

Außerdem:
Öl für die Form

 Zubereitungszeit | 30 Minuten
Backzeit | 40 Minuten

 Für 2 Personen

ZUBEREITUNG:

1. Den Backofen auf 200 °C (Ober- und Unterhitze) vorheizen. Eine Auflaufform mit etwas Öl einfetten. Den Bulgur in eine Schüssel geben, salzen und mit kochend heißem Wasser übergießen, sodass er vollständig bedeckt ist. Etwa 5-10 Minuten quellen lassen.

2. Die Paprika waschen, halbieren, Stielansatz und Trennwände entfernen. Die Tomaten waschen, halbieren, den Stielansatz entfernen und das Fruchtfleisch würfeln. Den Skyr-Mozzarella abtropfen lassen und zerrupfen.

3. Den Bulgur mit den Tomatenwürfeln, der gehackter Petersilie und dem Skyr-Mozzarella mischen. Anschließend mit Garam Masala, Salz und Pfeffer würzen.

4. Die Paprikahälften in eine Auflaufform setzen und mit der Bulgurmasse füllen. Auf mittlerer Schiene ca. 40 Minuten backen.

MANDEL-QUICHE
mit Skyr-Spinat-Füllung

Nährwertangaben pro Stück:
193 kcal | 9 g EW | 17 g F | 1 g KH

ZUTATEN:

Für den Teig

30 g zimmerwarme Butter
200 g gemahlene Mandeln
10 g Mandelmehl
1 Ei (Größe M)
Salz

Für die Füllung

1 kleine rote Zwiebel
1 Knoblauchzehe
200 g Baby-Spinat
1 TL Kokosöl
50 g Ricotta
50 g Magerquark
150 g Skyr
2 Eier (Größe M)
Salz, Pfeffer
20 g Gouda

ZUBEREITUNG:

1. Den Ofen auf 160 °C (Umluft) vorheizen. Die Quicheform mit Backpapier auslegen. Für den Teig die Butter in Stückchen schneiden. Mit gemahlenen Mandeln, Mandelmehl, Ei und ½ TL Salz in einer Rührschüssel verkneten. Den Teig in die Quicheform drücken, dabei einen kleinen Rand hochziehen. Den Boden im heißen Ofen (Mitte) etwa 10 Minuten vorbacken.

2. Inzwischen für die Füllung Zwiebel und Knoblauch schälen und fein würfeln. Den Spinat verlesen und waschen. Das Kokosöl in einer Pfanne erhitzen, Zwiebel und Knoblauch darin glasig dünsten. Den Spinat zugeben und zusammenfallen lassen. Ricotta mit Magerquark und Skyr sowie den Eiern verrühren, mit Salz und Pfeffer würzen und den Spinat-Mix untermischen.

3. Den Gouda fein reiben. Den vorgebackenen Boden herausnehmen, die Skyr-Spinat-Mischung darauf verteilen und mit dem Käse bestreuen. Die Quiche im Ofen (Mitte) weitere 25 Minuten backen, bis der Käse goldbraun ist.

Zubereitungszeit | 20 Minuten
Backzeit | 35 Minuten

Für 12 Stücke
(Quicheform ø 28 cm)

CHILI CON CARNE
mit Koriander-Skyr

Nährwertangaben pro Portion:
ca. 415 kcal | 34 g EW | 20 g F | 22 g KH

ZUTATEN:

1 Zwiebel

1 Knoblauchzehe

je 1 rote und gelbe Paprika

1 kleine Dose Kidneybohnen (125 g Abtropfgewicht)

1 EL neutrales Bratöl

250 g mageres Rinderhackfleisch

1 TL geräuchertes Paprikapulver

1 TL Chilipulver

½ TL gemahlener Kreuzkümmel

1 Dose stückige Tomaten (400 g Füllgewicht)

Salz, Pfeffer

5 Stiele Koriandergrün

100 g Skyr

1 TL Zitronensaft (alternativ Limettensaft)

 Zubereitungszeit | 25 Minuten

 Für 2 Personen

ZUBEREITUNG:

1. Zwiebel und Knoblauch schälen und fein würfeln. Die Paprika halbieren, putzen, waschen und in Würfel schneiden. Kidneybohnen in ein Sieb abgießen, kalt abspülen und abtropfen lassen.

2. Öl in einem Topf erhitzen, darin das Hackfleisch unter Wenden bei hoher Hitze krümelig anbraten. Zwiebel und Knoblauch zugeben und kurz mitdünsten. Paprikawürfel zugeben und unter Wenden 2–3 Minuten andünsten. Bohnen, Paprikapulver, Chilipulver und Kreuzkümmel einrühren. Die stückigen Tomaten und 100 ml Wasser zugießen, mit Salz und Pfeffer würzen. Alles zugedeckt bei niedriger Hitze 15–20 Minuten köcheln lassen.

3. Inzwischen das Koriandergrün waschen, trocken schütteln, Blättchen abzupfen und fein hacken. Mit Skyr und Zitronensaft verrühren und mit Salz würzen.

4. Das Chili mit Salz, Pfeffer und eventuell etwas Chilipulver abschmecken. Mit je einem Klecks Skyr in Schalen anrichten. Übrigen Koriander-Skyr extra dazu reichen.

Tipp:

Kidneybohnen enthalten neben pflanzlichem Eiweiß auch Kohlenhydrate. Da diese zu der langsam verdaulichen Sorte gehören, lassen sie den Blutzuckerspiegel nur mäßig ansteigen und sind in kleinen Mengen sogar im Rahmen einer ausgewogenen Low-Carb-Ernährung erlaubt.

SPINAT-SPAGHETTI-NESTER
mit fruchtigen Tomaten

Nährwertangaben pro Stück:
83 kcal | 7 g EW | 3 g F | 7 g KH

ZUTATEN:

125 g Kichererbsen-Spaghetti

1 rote Zwiebel

1 Knoblauchzehe

125 g Baby-Spinat

125 g gelbe Kirschtomaten (12 Stück)

1 TL Rapsöl

4 Eier (Größe M)

50 ml Milch

200 g Skyr

100 g leichter Frischkäse

Salz, Pfeffer

Zubereitungszeit | 20 Minuten
Backzeit | 20 Minuten

Für 12 Stück
(12er-Muffinform)

ZUBEREITUNG:

1. Die Kichererbsen-Spaghetti nach Packungsanleitung bissfest garen. Den Backofen auf 180 °C (Ober-/Unterhitze) vorheizen und eine Muffinform fetten. Die Spaghetti nestförmig in die Muffinförmchen schichten und zur Seite stellen.

2. In der Zwischenzeit Zwiebel und Knoblauchzehe schälen und fein hacken. Den Baby-Spinat waschen und trocknen. Die Kirschtomaten waschen, trocknen und halbieren.

3. Das Rapsöl in einer Pfanne erhitzen. Darin Zwiebel und Knoblauchzehe bei mittlerer Hitze anbraten. Anschließend den Baby-Spinat hinzugeben und so lange braten, bis er leicht in sich zusammenfällt.

4. In einer Schüssel die Eier aufschlagen und mit Milch, Skyr und Frischkäse cremig rühren. Salzen und pfeffern. Den Spinat zur Eiermasse geben und über die Spaghetti gießen.

5. Die Nester im vorgeheizten Backofen 15–20 Minuten goldbraun backen. Nach dem Backen mit den halbierten Tomaten belegen und warm genießen.

GRÜNE SHAKSHUKA
mit Kräuterdip

Nährwertangaben pro Portion:
ca. 410 kcal | 28 g EW | 29 g F | 8 g KH

ZUTATEN:

4 Frühlingszwiebeln

1 Knoblauchzehe

500 g junger Blattspinat

1 EL neutrales Bratöl

1 TL getrockneter Oregano (wahlweise Zaatar)

½ TL gemahlener Kreuzkümmel

Salz, Pfeffer

4 Eier (Größe M)

½ Bund Dill

100 g Skyr

50 g Skyr-Mozzarella (z. B. Skyrella®)

½ TL Chiliflocken (nach Belieben)

 Zubereitungszeit | 25 Minuten

 Für 2 Personen

ZUBEREITUNG:

1. Die Frühlingszwiebeln putzen, waschen und in feine Ringe schneiden. Den Knoblauch schälen und fein würfeln. Den Spinat waschen, verlesen und grobe Stiele entfernen. Den Spinat grob hacken. Öl in einer Pfanne erhitzen, darin die weißen Frühlingszwiebelringe kurz andünsten. Spinat zugeben und unter Wenden zusammenfallen lassen. Knoblauch zugeben und kurz mitdünsten. Den Spinat mit Oregano, Kreuzkümmel, Salz und Pfeffer würzen.

2. Mit einem Löffel vier kleine Kuhlen in den Spinat drücken. Die Eier einzeln in eine Tasse aufschlagen und dann vorsichtig in die Kuhlen gleiten lassen. Das Eiweiß salzen und die Eier zugedeckt in 5–7 Minuten stocken lassen.

3. Inzwischen den Dill waschen, trocken schütteln, Dillspitzen abzupfen und fein hacken. Den Dill unter den Skyr mischen. Den Skyr mit Salz und Pfeffer würzen. Skyr-Mozzarella zerzupfen und über die Shakshuka bröckeln.

4. Mit den grünen Frühlingszwiebelringen und nach Belieben mit Chiliflocken bestreuen. Den Dill-Skyr dazu servieren.

SPAGHETTI
mit Frankfurter-Grüner-Sauce

Nährwertangaben pro Portion:
517 kcal | 30 g EW | 10 g F | 61 g KH

ZUTATEN:

150 g Rote-Linsen-Spaghetti

50 g Grüne-Sauce-Kräuter (siehe Tipp)

1 rote Zwiebel

25 g Schmand

150 g Skyr

1 TL süßer Senf

Salz, Pfeffer

200 g Zucchini

1 TL Olivenöl

150 g TK-Sojabohnenkerne (Edamame)

2 TL Saaten (Kürbiskerne, Sonnenblumenkerne, Sesam)

 Zubereitungszeit | 30 Minuten

 Für 2 Personen

ZUBEREITUNG:

1. Die Linsen-Spaghetti nach Packungsanleitung bissfest garen.

2. In der Zwischenzeit die Grüne-Sauce-Kräuter waschen, trocken schleudern und grob hacken. Die Zwiebel schälen, grob hacken und zusammen mit den Kräutern, Schmand und Skyr fein mit einem Pürierstab pürieren.

3. Die Sauce mit süßem Senf, Salz und Pfeffer abschmecken und zur Seite stellen. Die Zucchini waschen, trocknen und mit einem Spiralschneider zu Spaghetti schneiden.

4. In einer Pfanne das Olivenöl erhitzen. Darin die Zucchini und die Sojabohnenkerne 2–3 Minuten bei mittlerer Hitze anschwenken. Anschließen die Linsen-Spaghetti mit den Zucchini-Spaghetti und der Sauce vermengen.

5. Zum Anrichten den Inhalt der Pfanne auf zwei Teller verteilen und mit den Saaten bestreut servieren.

Tipp:

Das Kräuterbündchen für die Grüne Sauce besteht ganz traditionell aus Petersilie, Borretsch, Sauerampfer, Kerbel, Kresse, Pimpinelle und Schnittlauch.

KÜRBISSTREIFEN
mit Chili-Kakao-Aroma

Nährwertangaben pro Portion:
478 kcal | 16 g EW | 38 g F | 17 g KH

ZUTATEN:

¼ Hokkaido-Kürbis

1 EL Olivenöl

70 g Skyr-Mozzarella
(z. B. Skyrella®)

2 EL Kakao-Nibs

¼ TL Chiliflocken

1 EL gehackten Thymian

Salz

Zubereitungszeit | 15 Minuten
Backzeit | 20 Minuten

Für 1 Person

ZUBEREITUNG:

1. Den Backofen auf 200 °C (Ober- und Unterhitze) vorheizen. Den Hokkaido-Kürbis waschen und putzen (die Schale kann mit verzehrt werden) und ein Viertel herausschneiden. Anschließend die Kürbiskerne und Fasern aus dem Inneren herauskratzen und das Kürbisfleisch in 6–8 Spalten schneiden.

2. Eine Auflaufform mit etwas Öl ausstreichen. Die Kürbisspalten nebeneinander in die Form legen und mit dem restlichen Öl beträufeln. Den Skyr-Mozzarella zerzupfen und über die Kürbisspalten verteilen. Nach Belieben mit Chiliflocken, Kakao-Nibs und Thymian bestreuen, dann mit Salz würzen.

3. Die Kürbisspalten auf der mittleren Schiene des Backofens 30 Minuten backen.

PIZZA
mit Prosciutto und Rucola

Nährwertangaben pro Stück:
217 kcal | 11 g EW | 9 g F | 23 g KH

ZUTATEN:

Für den Teig:

200 g Weizen-Vollkornmehl, plus etwas mehr für die Arbeitsfläche

1 EL Zucker

½ Päckchen Trockenhefe

Salz

2 EL Olivenöl

Für den Belag:

100 ml Tomatensauce (nach Belieben; Fertigprodukt)

2 EL Olivenöl

Salz, Pfeffer

200 g Skyr-Mozzarella (z. B. Skyrella®)

100 g Prosciutto, in dünnen Scheiben

½ Bund Rucola

Zubereitungszeit | 15 Minuten
Backzeit | 15 Minuten
Ruhezeit | 2 Stunden

Für 6 Stücke
1 Pizza (ø 24 cm)

ZUBEREITUNG:

1. Das Mehl mit dem Zucker, der Hefe und 1 TL Salz in einer Schüssel mischen, dann mit den Knethaken des Handrührgeräts 150 ml lauwarmes Wasser unterkneten. Das Olivenöl dazugießen und so lange kneten, bis ein elastischer Teig entsteht.

2. Den Teig in eine Schüssel geben, mit Frischhaltefolie abdecken und anschließend an einem warmen Ort etwa 1 Stunde 50 Minuten auf das Doppelte aufgehen lassen.

3. Den Pizzateig auf einer bemehlten Arbeitsfläche abschlagen, um Luft zu entfernen. Den Teig zu einer Pizza mit etwa 24 cm Durchmesser ausrollen, mit Frischhaltefolie abdecken und weitere 10 Minuten ruhen lassen.

4. Den Ofen auf 250 °C (Ober-/Unterhitze) vorheizen. Ein Backblech mit Backpapier auslegen. Den Teig auf das Backblech legen. Den Teigrand etwa 2 cm einrollen, damit der Belag nicht auf das Blech läuft. Den Teig mit einer Gabel gleichmäßig einstechen.

5. Nach Belieben die Tomatensauce darauf verteilen, mit Salz und Pfeffer würzen und mit Öl beträufeln. Den Mozzarella abtropfen lassen und in Scheiben schneiden. Den Prosciutto zerpflücken. Die Pizza mit Mozzarella belegen, den Prosciutto daraufgeben und pfeffern. Die Pizza im Ofen in 15 Minuten goldbraun backen, bis der Käse zerlaufen ist.

6. Inzwischen den Rucola waschen, trocken schütteln und grob zerpflücken. Die Pizza herausnehmen und den Rucola darüberstreuen.

GEBEIZTER LACHS
mit Reibekuchen

Nährwertangaben pro Portion:
530 kcal | 29 g E | 29 g F | 38 g KH

ZUTATEN:

200 g frisches Lachsfilet
(ohne Haut und ohne Gräten)

Salz

2 EL Honig

1 Bund Dill

50 g Skyr

Pfeffer

1000 g mehlig kochende Kartoffeln

50 g Haferflocken

1 Ei (Größe M)

40 g geklärte Butter

Zubereitungszeit | 30 Minuten
(+ mind. 6 Stunden Wartezeit)

Für 2 Personen

ZUBEREITUNG:

1. Am Vortag das Lachsfilet trocken tupfen. 40 g Salz und Honig verrühren. Die Hälfte des Dills waschen, trocken schütteln, die Fähnchen von den Stielen zupfen und fein hacken, unter die Salzmischung rühren. Die Hälfte der Mischung auf einem Stück Frischhaltefolie in Größe des Lachsstückes ausbreiten. Lachs darauf legen, mit übriger Mischung bedecken und in die Folie wickeln. Alles in Alufolie wickeln und z. B. mit einer Mineralwasserflasche leicht beschwert mindestens 6 Stunden, am besten über Nacht, zum Beizen kalt stellen.

2. Am nächsten Tag den Lachs aus der Beize nehmen und kurz mit kaltem Wasser abspülen. Den Lachs trocken tupfen und in möglichst dünne Scheiben oder Würfelchen schneiden.

3. Den übrigen Dill waschen, trocken schütteln, die Fähnchen von den Stielen zupfen und fein hacken. Unter den Skyr rühren, mit Salz und Pfeffer abschmecken.

4. Die Kartoffeln schälen, waschen und auf einer Reibe fein reiben. Mit Salz würzen und verkneten, ca. 10 Minuten stehen lassen. Anschließend die Kartoffelraspel ausdrücken und die austretende Flüssigkeit in einer breiten Schüssel auffangen.

5. Die Haferflocken und das Ei zu den Kartoffelraspeln geben und alles gut verrühren. Jetzt die Flüssigkeit der ausgedrückten Kartoffeln vorsichtig, aber in einem Rutsch, abgießen. Die am Schüsselboden zurück gebliebene Kartoffelstärke zur Kartoffel-Haferflocken-masse geben und alles gut vermischen.

6. Die geklärte Butter in einer beschichteten Pfanne erhitzen. Pro Reibekuchen 1 gehäuften EL der Kartoffelmasse in die Pfanne geben, mit dem Löffel etwas flach streichen und pro Seite in 3–4 Minuten goldgelb braten. Auf Küchenpapier abtropfen lassen und mit Lachs und Dill-Skyr servieren.

ROSMARIN-KARTOFFELN
mit grünem Spargel und Eierdip

Nährwertangaben pro Portion:
364 kcal | 16 g EW | 14 g F | 40 g KH

ZUTATEN:

800 g kleine neue Kartoffeln
4 Zweige Rosmarin
2 Knoblauchzehen
4 EL Olivenöl
500 g grüner Spargel
Salz, Pfeffer

Für den Eier-Dip
2 Eier (Größe M)
150 g Skyr
etwas Milch
½ TL mittelscharfer Senf
½ Bund Schnittlauch
Salz, Pfeffer

 Zubereitungszeit | 20 Minuten
Backzeit | 50 Minuten

 Für 4 Personen

ZUBEREITUNG:

1. Den Backofen auf 180 °C (Ober-/Unterhitze) vorheizen. Ein Backblech mit Backpapier auslegen.

2. Die Kartoffeln waschen, ggf. unschöne Stellen entfernen. Je nach Größe die Kartoffeln halbieren oder vierteln. Die Rosmarinnadeln abstreifen und grob zerkleinern. Dann die Knoblauchzehen schälen und in Scheiben schneiden.

3. Kartoffeln, Rosmarin, Knoblauch und 2 EL Öl in einer Schüssel vermischen. Auf dem Backpapier verteilen und auf der mittleren Schiene 45–50 Minuten backen.

4. Inzwischen für den Eier-Dip die Eier in kochendes Wasser geben und in 10 Minuten hart kochen. Abgießen, kalt abschrecken, schälen und fein hacken. Den Skyr mit Milch und Senf glatt rühren. Den Schnittlauch waschen, trocken schütteln und in Röllchen schneiden. Den Skyr mit den Eiern und dem Schnittlauch verrühren und mit Salz und Pfeffer würzen.

5. Das untere Drittel vom grünen Spargel schälen und die holzigen Enden abschneiden. In einer beschichteten Pfanne das restliche Öl erhitzen und den Spargel rundum 4–5 Minuten darin anbraten. Mit Salz und Pfeffer würzen.

6. Die Rosmarinkartoffeln mit grünem Spargel und Eier-Dip servieren.

SÜSSKARTOFFEL-PUTEN-EINTOPF
mit Skyr verfeinert

Nährwertangaben pro Portion:
456 kcal | 35 g EW | 11 g F | 52 g KH

ZUTATEN:

2 Zwiebel

4 Selleriestangen

4 Möhren

2 Süßkartoffeln

450 g Putenfleisch

2 EL Rapsöl

3 TL Paprikapulver

3 EL Tomatenmark

Salz, Pfeffer

Zum Servieren

200 g Skyr

 Zubereitungszeit | 30 Minuten

 Für 4 Personen

ZUBEREITUNG:

1. Die Zwiebeln schälen und fein hacken. Die Selleriestangen putzen, ggf. harte Fäden abziehen und den Sellerie klein würfeln. Die Sellerieblätter waschen, klein hacken und beiseitelegen. Möhren und Süßkartoffeln schälen und in ca. 1 cm große Würfel schneiden. Das Putenfleisch klein würfeln.

2. In einem großen Topf Öl erhitzen und das Putenfleisch darin anbraten. Das Paprikapulver zugeben und kurz mitrösten. Das Fleisch herausnehmen. Bei Bedarf noch etwas Öl zufügen und das Gemüse anbraten. Tomatenmark und Fleisch dazugeben, mit 500 ml Wasser aufgießen, bei schwacher Hitze 20 Minuten köcheln lassen und mit Salz und Pfeffer würzen.

3. Den Eintopf auf Teller verteilen, dann Fleisch zufügen und mit je 50 g Skyr servieren. Zum Schluss mit Selleriegrün bestreuen.

Tipp:

Je nach Geschmack kann man das Putenfleisch auch durch Huhn ersetzen. Für ein schnelles, vegetarisches Gericht kann man das Fleisch einfach weglassen.

ZUCCHINIBLÜTEN
mit Skyr-Walnuss-Füllung

Nährwertangaben pro Portion:
524 kcal | 36 g EW | 37 g F | 25 g KH

ZUTATEN:

30 g Walnusskerne

2 Zweige Thymian

8 große Zucchiniblüten mit Zucchini

50 g Ricotta

25 g Magerquark

1 Kugel geriebenen Skyr-Mozzarella (à 125 g, z. B. Skyrella®)

½ TL Kurkumapulver

¼ TL gemahlener Zimt

schwarzer Pfeffer, Salz

Für den Zitronen-Skyr

150 g Skyr

2 EL Zitronensaft

Außerdem

4 EL Olivenöl zum Einfetten und Braten

1 Spritzbeutel ohne Tülle

4 EL Semmelbrösel

 Zubereitungszeit | 20 Minuten

 Für 2 Portionen

ZUBEREITUNG:

1. Den Backofen auf 180 °C (Ober-/Unterhitze) vorheizen. Eine ofenfeste Form mit Olivenöl einfetten. Die Walnusskerne in einer beschichteten Pfanne ohne Fett rösten, dann abkühlen lassen und fein hacken. Den Thymian waschen und trocken schütteln, die Blättchen abzupfen und fein hacken.

2. Die Zucchini von der Zucchiniblüte schneiden und zur Seite legen. Die Zucchini putzen, waschen und die Hälfte grob raspeln. Mit Ricotta, Magerquark, geriebenem Skyr-Mozzarella, Walnüssen, Thymian, Kurkuma und Zimt verrühren, dann mit 1 Prise Pfeffer und Salz würzen und in einen Spritzbeutel ohne Tülle füllen.

3. Die Zucchiniblüte vorsichtig öffnen, den Blütenstempel abtrennen. Die Füllung in die Blüte geben und die Blüte zusammendrehen. 2 EL Olivenöl in einer Pfanne erhitzen, die Zucchiniblüten darin 2–3 Minuten anbraten. Blüten herausnehmen, in die Form legen und mit Semmelbröseln bestreuen. Im Backofen (mittlere Schiene) in 10 Minuten fertig garen.

4. Übrige Zucchini längs halbieren. 1 EL Olivenöl in einer Pfanne erhitzen, Zucchini darin von beiden Seiten in 2–3 Minuten goldbraun anbraten, salzen und pfeffern. Zucchiniblüten und Zucchini auf einem Teller anrichten und genießen.

5. Dazu passt frisch gerührter Zitronen-Skyr. Dafür einfach den Skyr mit Zitronensaft vermischen.

Die hübschen Zucchiniblüten lassen sich nach Lust und Laune füllen. Die Füllung, mit den Gewürzen Kurkuma- und Zimt abgeschmeckt, versetzt einen kulinarisch in den Marokko-Urlaub.

DESSERTS

SKYR-CREME „ALOHA"
mit Ananas und Kokoschips

Nährwertangaben pro Portion:
208 kcal | 21 g EW | 8 g F | 1 g KH

ZUTATEN:

100 g Magerquark
250 g Skyr
½ Bio-Limette
¼ Ananas
20 g Kokoschips

 Zubereitungszeit | 15 Minuten

 Für 2 Personen

ZUBEREITUNG:

1. Magerquark und Skyr verrühren. Die Limette heiß abwaschen, abtrocknen und etwas von der Schale abreiben. Die Limette halbieren und auspressen. Limettensaft und -abrieb unterrühren.
2. Die Creme auf zwei Gläser verteilen.
3. Zum Schluss die Ananas, vom Strunk befreien, schälen und klein würfeln. Die Ananaswürfel auf der Creme verteilen, mit Kokoschips bestreuen und servieren.

BEERENTORTE
mit leichter Skyr-Creme

Nährwertangaben pro Stück:
190 kcal | 10 g EW | 8 g F | 22 g KH

ZUTATEN:

Für die Tortenböden

60 g Butter, plus etwas mehr für die Form
4 Eier
100 g Birkenzucker
25 g Erythrit
125 g Weizen-Vollkornmehl

Für die Skyr-Creme

550 g Skyr
50 g Crème légère
150 g Magerquark
50 g Birkenzucker
30 g Erythrit
250 g Beeren nach Wahl
1 Bio-Zitrone

Zubereitungszeit | 40 Minuten
Backzeit | 30 Minuten

Für 12 Stücke
(Springform ø 24 cm)

ZUBEREITUNG:

1. Den Ofen auf 180 °C (Ober-/Unterhitze) vorheizen. Eine Backform (ø 24 cm) mit Butter einfetten. Restliche Butter in einem kleinen Topf auf dem Herd zerlassen und etwas abkühlen lassen.

2. Die Eier etwa 5 Minuten in warmes Wasser legen (dann gehen sie hinterher besser auf). Birkenzucker und Erythrit im Standmixer zu Pulver mahlen. Danach die Eier mit dem Zucker in einer Schüssel mit den Quirlen des Handrührgeräts 10 Minuten schlagen, bis die Masse aufhellt und sich verdoppelt hat.

3. Das Mehl portionsweise dazusieben und mit einem Küchenspatel vorsichtig einrühren. Nicht zu fest schlagen und nicht die Quirle verwenden, sonst wird die Masse beim Backen fest. Die Butter mit 2 EL Teig verrühren und portionsweise mit dem Spatel unter den Teig rühren. Den Teig in die Backform füllen und im Ofen 30 Minuten goldbraun backen. Vor dem Herausnehmen zur Sicherheit die Stäbchenprobe machen. Biskuit auskühlen lassen.

4. Biskuit mit einem Zwirnfaden oder einem großen scharfen Messer halbieren. Den oberen Boden mit der glatten Seite nach oben zur Seite legen. Birkenzucker und Erythrit im Standmixer zu Pulver mahlen. Skyr, Crème légère und Magerquark mit Birkenzucker in einer Schüssel mit dem Handrührgerät cremig rühren.

5. Die Beeren verlesen, waschen und vorsichtig trocken tupfen. Die Zitrone waschen, abtrocknen und die Schale mit einem Zestenreißer in feinen Streifen abziehen.

6. Ein Drittel der Füllung auf den unteren Boden streichen. Den zweiten Boden mit der glatten Seite nach oben darauflegen, andrücken und mit dem zweiten Drittel der Füllung bestreichen. Den Rand der Torte mit der restlichen Creme einstreichen. Zum Schluss die Oberfläche der Torte mit den Beeren belegen und mit den Zitronenstreifen bestreuen. Vor dem Servieren kalt stellen.

NICE CREAM
Skyr-Banane-Tahin

Nährwertangaben pro Portion:
165 kcal | 27 g EW | 3 g F | 27 g KH

ZUTATEN:

2 reife Bananen (ca. 200 g)
30–50 g Skyr
2 TL Sesampaste (Tahin, alternativ Mandelmus)
2 EL Kakao-Nibs

 Zubereitungszeit | 15 Minuten
Kühlzeit | mind. 5 Stunden

 Für 2 Personen

ZUBEREITUNG:

1. Die Bananen schälen, in Scheiben schneiden, luftdicht verpackt in einen Plastikbeutel geben und mindestens 5 Stunden in das Tiefkühlfach des Kühlschranks legen.

2. Die Bananen etwas antauen lassen und mit Skyr und Tahin in einem Standmixer oder mit dem Stabmixer cremig pürieren.

3. Nice Cream mit den Kakao-Nibs bestreuen und sofort servieren.

Tipp:
Je reifer die Bananen, desto süßer wird das Eis.

BEEREN-SKYR-CREME
in Schokoladenschalen

Nährwertangaben pro Portion:
307 kcal | 17 g EW | 7 g F | 42 g KH

ZUTATEN:

Für die Schalen

200 g Zartbitterkuvertüre (mind. 70 % Kakaogehalt)
1 TL neutrales Pflanzenöl

Für die Creme

50 g Magerquark
350 g Skyr
1 TL Bourbon-Vanille (alternativ das Mark 1 Vanilleschote)
1 EL Birkenzucker

Für das Beerenpüree

100 g Himbeeren
100 g Erdbeeren
½ Zitrone

Außerdem

1 Handvoll Himbeeren
4 Luftballons

Zubereitungszeit | 30 Minuten
Kühlzeit | 20–30 Minuten

Für 4 Personen

ZUBEREITUNG:

1. Für die Schokoladenschalen 150 g Zartbitterkuvertüre in Stücke brechen und in einer Schüssel über dem heißen Wasserbad schmelzen. Die restliche Zartbitterkuvertüre klein hacken oder raspeln.

2. Die Kuvertüre vom Herd nehmen, die gehackte Kuvertüre und das Öl unterrühren. Die Kuvertüremischung leicht abkühlen lassen. Backpapier auf ein Brett legen.

3. Inzwischen die Luftballons leicht aufpusten, die Öffnung schließen und auf der runden Seite einmal kräftig in die Kuvertüren tauchen. Die Ballons auf das Backpapier setzen, in den Kühlschrank stellen und die Schokolade in 10–15 Minuten fest werden lassen. Anschließend die Ballons in die übrige Kuvertüre tauchen und wieder im Kühlschrank fest werden lassen.

4. Für die Creme den Magerquark mit Skyr und Vanille verrühren. Den Birkenzucker unter die Skyr-Mischung rühren. Die Creme bis zur Verwendung in den Kühlschrank stellen.

5. Die Himbeeren und Erdbeeren waschen und trocken tupfen. Die Erdbeeren putzen. Den Saft der Zitrone auspressen. Himbeeren, Erdbeeren und Zitronensaft mit einem Stabmixer fein pürieren.

6. Vor dem Servieren die Ballons anpieksen und vorsichtig aus der Schale lösen. Die Creme und das Beerenpüree abwechselnd in die Schokoladenschalen füllen. Mit Himbeeren verzieren.

Tipp:

Die hübschen Schokoladenschalen sind nicht nur ein echter Hingucker, sie können auch gleich mitgegessen werden. Bei einem Kakaoanteil über 70 Prozent darf man sich diese süße Sünde auch mal gönnen.

MOKKA-KARAMELL-KUCHEN
mit Kokosaroma

Nährwertangaben pro Stück:
228 kcal | 7 g EW | 11 g F | 24 g KH

ZUTATEN:

Für den Kuchen
130 g Datteln
2 Tassen Espresso alternativ
1 Tasse starker Kaffee
180 g Dinkelmehl
60 g geriebene Mandeln
40 g Kokosraspeln
2 EL Backkakao
2 TL Backpulver
65 g Kokosöl
1 Ei (Größe M)
100 ml Kokosmilch (Dose)
50 g Skyr
50 g Kokosblütenzucker

Für das Topping
200 g Skyr
Früchte der Saison (Granatapfel im Winter, Beeren im Sommer)

Zubereitungszeit | 15 Minuten
Backzeit | 35 Minuten
Einweichen | über Nacht

für 12 Stück
(Backform ø 24 cm)

ZUBEREITUNG:

1. Die Datteln entkernen. Mit dem Espresso oder Kaffee in eine kleine Schale geben und über Nacht einweichen lassen.

2. Den Backofen auf 200 °C (Ober-/Unterhitze) vorheizen. Eine Form (24 cm Ø) einfetten oder mit Backpapier auslegen.

3. Dinkelmehl, Mandeln, Kokosraspel, Kakao und Backpulver in eine Schüssel geben. Das Kokosöl in einer kleinen Pfanne schmelzen und kurz abkühlen lassen. Das Ei, die Kokosmilch, den Skyr und den Kokosblütenzucker mit einer Küchenmaschine oder einem Handrührgerät zu einer cremigen Masse verrühren. Die Datteln samt Kaffee hinzufügen. Die Mehlmischung unterheben.

4. Die Masse in die Kuchenform gießen und 35 Minuten backen.

5. Anschließend das Topping in Form von Skyr mit Früchten zum noch warmen Kuchen servieren.

Variante:
Die Hälfte des Kakaopulvers zur Weihnachtszeit durch Lebkuchengewürz ersetzen. Der Kuchen verwandelt sich in ein himmlisches Frühstücksbrot, wenn Zucker durch eine reife Banane ersetzt wird. Für das Brot den Teig in einer Kastenform backen.

SKYR-„CHEESECAKE"
mit Himbeeren

Nährwertangaben pro Glas:
175 kcal | 16 g EW | 2 g F | 17 g KH

ZUTATEN:

1 Limette
50 g leichter Frischkäse
200 g Skyr
1 EL Agavendicksaft
2 Vollkornbutterkekse
150 g Himbeeren
2 TL Kakao-Nibs

 Zubereitungszeit | 10 Minuten

 Für 2 Gläser

ZUBEREITUNG:

1. Die Limette auspressen. Den Frischkäse und den Skyr cremig rühren. Die Creme mit Limettensaft und Agavendicksaft abschmecken und auf zwei Gläser verteilen. Je 1 Butterkeks darüberbröseln. Die Himbeeren vorsichtig waschen, trocken tupfen und darauf verteilen. Mit Kakao-Nibs bestreuen.

2. Entweder sofort servieren oder zum Mitnehmen den Cheesecake in geeignete Gefäße füllen und bis zum Servieren kühl stellen.

Benefit:

Hautstraffender Cheesecake in „light": Himbeeren können gleich mit zwei Beauty-Boostern punkten. Vitamin C fördert die Kollagenbildung und somit ein frisches Aussehen. Obendrein glänzen die Beeren mit zellschützenden Antioxidantien, die für glatte Haut sorgen. Kakao-Nibs runden den Cheesecake mit reichlich Zink für glänzende Haare ab.

HIMBEER-CUPCAKES
mit Skyr-Frosting

Nährwertangaben pro Stück:
184 kcal | 15 g EW | 10 g F | 21 g KH

ZUTATEN:

Für den Teig

2 Eier (Größe M)
70 g Magerquark
70 g Skyr
30 g Proteinpulver
15 g Backkakao
20 g Kokosmehl
30 g Birkenzucker
1 TL Backpulver

Für das Topping

40 g Erythrit
125 g Magerquark
125 g Skyr
50 g Himbeeren

Außerdem

6 Papierförmchen
Spritzbeutel
mit russischer Tülle
6 Himbeeren

Zubereitungszeit | 20 Minuten
Backzeit | 15–20 Minuten

Für 6 Stück
(6er-Muffinform)

ZUBEREITUNG:

1. Den Ofen auf 180 °C (Ober-/Unterhitze) vorheizen. Die Papierförmchen in die Mulden der Muffinform setzen. Die Eier in einer Schüssel verquirlen. Den Magerquark und den Skyr zugeben und unterrühren. Das Proteinpulver mit Backkakao, Kokosmehl, Birkenzucker und Backpulver mischen. Die Mischung unter die Eier-Skyr-Masse rühren. Den Teig mit einem Eisportionierer oder einem Löffel in die Papierförmchen füllen. Im heißen Ofen (Mitte) 15–20 Minuten backen. Die Muffins herausnehmen, kurz in der Form abkühlen lassen, danach noch auf einem Kuchengitter vollständig auskühlen lassen.

2. Erythrit in einem Standmixer zu Puder mahlen und mit dem Quark glattrühren. Den Skyr rasch unter den Quark rühren. Die Creme in einen Spritzbeutel mit russischer Tülle füllen und auf die abgekühlten Muffins spritzen.

3. Die Himbeeren waschen, verlesen und mit einem Stabmixer pürieren. Das Püree durch ein feines Sieb streichen. Jeweils 1 TL Himbeerpüree auf die Creme geben. Die Cupcakes mit je 1 Himbeere verzieren. Die Mini-Törtchen bis zum Servieren in den Kühlschrank stellen, damit die Creme frisch bleibt.

REGISTER

A

Agavendicksaft
Skyr-„Cheesecake" mit Himbeeren 118
Smoothie mit Erdbeeren und Skyr 20

Ahornsirup
Glutenfreie Buchweizen-Pancakes mit Mangosauce 16
Haferpancakes mit Mandarinen-Skyr 22

Amarant
Granola-Crunch mit Skyr-Quark und Erdbeeren 18

Ananas
Skyr-Creme „Aloha" mit Ananas und Kokoschips 108

Äpfel
Apfel-Möhren-Salat mit Nüssen 50
Salat Bowl „mediterran" 42

Apfel-Möhren-Salat mit Nüssen 50

Avocado
Linsensalat mit Skyr-Tsatsiki 46

B

Backkakao
Himbeer-Cupcakes mit Skyr-Frosting 120
Mokka-Karamell-Kuchen mit Kokosaroma 116

Banane
Glutenfreie Buchweizen-Pancakes mit Mangosauce 16
Nice Cream – Skyr-Banane-Tahin 112
Power Smoothie mit Erdbeeren und Skyr 20

Basilikum
Obstkiste mit Matcha-Skyr und Basilikum 28

Beeren-Skyr-Creme in Schokoladenschalen 114

Beerentorte mit leichter Skyr-Creme 110

Birkenzucker
Beeren-Skyr-Creme in Schokoladenschalen 114
Beerentorte mit leichter Skyr-Creme 110
Himbeer-Cupcakes mit Skyr-Frosting 120

Brot
Stramme Forelle mit Kresse und Meerrettich 36
Vollkornbrot mit Möhren-Ingwer-Aufstrich 14

Buchweizen
Salat Bowl „mediterran" 42

Buchweizencrêpes mit Skyr-Lachs-Füllung 44

Buchweizenmehl
Buchweizencrêpes mit Skyr-Lachs-Füllung 44
Glutenfreie Buchweizen-Pancakes mit Mangosauce 16

Bulgur
Gefüllte Paprika mit Bulgur-Tomaten-Mix 82

Butter
Beerentorte mit leichter Skyr-Creme 110
Gebeizter Lachs mit Reibekuchen 98
Mandel-Quiche mit Skyr-Spinat-Füllung 84
Stramme Forelle mit Kresse und Meerrettich 36

Buttermilch
Haferpancakes mit Mandarinen-Skyr 22

C

Caprese mit Roter Bete und Skyr 40

Cashewkerne
Pastinakensuppe mit Rucola-Pesto 54

Champignons
Kohlrabi-Skyr-Suppe mit gebratenen Pilzen 68

Chili con Carne mit Koriander-Skyr 86

Crème légère
Beerentorte mit leichter Skyr-Creme 110
Kräuter-Skyr 70

Cremige Erbsensuppe mit Flusskrebsen 66

D

Datteln
Mokka-Karamell-Kuchen mit Kokosaroma 116

Dill
Buchweizencrêpes mit Skyr-Lachs-Füllung 44
Cremige Erbsensuppe mit Flusskrebsen 66
Gebeizter Lachs mit Reibekuchen 98
Grüne Shakshuka mit Kräuterdip 90
Gurken-Kartoffelsalat „light" 56
Salat Bowl „mediterran" 42

Dinkelmehl
Mokka-Karamell-Kuchen mit Kokosaroma 116

E

Edamame (Sojabohnenkerne)
Spaghetti mit Frankfurter-Grüner-Sauce 92

Eier
Beerentorte mit leichter Skyr-Creme 110
Buchweizencrêpes mit Skyr-Lachs-Füllung 44
Gebeizter Lachs mit Reibekuchen 98
Glutenfreie Buchweizen-Pancakes mit Mangosauce 16
Grüne Shakshuka mit Kräuterdip 90
Haferpancakes mit Mandarinen-Skyr 22
Himbeer-Cupcakes mit Skyr-Frosting 120
Mandel-Quiche mit Skyr-Spinat-Füllung 84
Mokka-Karamell-Kuchen mit Kokosaroma 116
Pikante Hafermuffins mit Skyr und Frühlingszwiebeln 64
Power Smoothie mit Erdbeeren und Skyr 20
Rosmarin-Kartoffeln mit grünem Spargel und Eierdip 100
Spinat-Spaghetti-Nester mit fruchtigen Tomaten 88
Stramme Forelle mit Kresse und Meerrettich 36

Erbsen
Cremige Erbsensuppe mit Flusskrebsen 66

Erdbeeren
Beeren-Skyr-Creme in Schokoladenschalen 114
Granola-Crunch mit Skyr-Quark und Erdbeeren 18
Power Smoothie mit Erdbeeren und Skyr 20

Erfrischend kalte Gurkensuppe mit Skyr 60

Erythrit
Beerentorte mit leichter Skyr-Creme 110
Heidelbeeren mit Skyr-Mascarpone-Creme 34
Himbeer-Cupcakes mit Skyr-Frosting 120
Johannisbeer-Lassi mit Grapefruitsaft 30

Espresso
Mokka-Karamell-Kuchen mit Kokosaroma 116

F

Falscher „Hummus" mit Knabbergemüse 70

Fenchel
Salat Bowl „mediterran" 42

Flusskrebse
Cremige Erbsensuppe mit Flusskrebsen 66

Frischkäse
Skyr-„Cheesecake" mit Himbeeren 118
Spinat-Spaghetti-Nester mit fruchtigen Tomaten 88

Fruchtiger Zitronen-Skyr mit frischer Minze 24

Frühlingszwiebeln
Grüne Shakshuka mit Kräuterdip 90
Pikante Hafermuffins mit Skyr und Frühlingszwiebeln 64
Süßkartoffeln mit Mangoldgemüse und Skyr-Dip 76
Zucchini-Karotten-Küchlein mit Kräuter-Skyr 72

G

Gartenkresse
Stramme Forelle mit Kresse und Meerrettich 36

Gefüllte Paprika mit Bulgur-Tomaten-Mix 82

Glutenfreie Buchweizen-Pancakes mit Mangosauce 16

Granatapfelkerne
Obstkiste mit Matcha-Skyr und Basilikum 28

Granola-Crunch mit Skyr-Quark und Erdbeeren 18

Grapefruitsaft
Johannisbeer-Lassi mit Grapefruitsaft 30

Grüne Shakshuka mit Kräuterdip 90

Gurken-Kartoffelsalat „light" 56

H

Haferflocken
Gebeizter Lachs mit Reibekuchen 98
Granola-Crunch mit Skyr-Quark und Erdbeeren 18
Haferpancakes mit Mandarinen-Skyr 22
Kartoffelsuppe mit Haferflocken 48
Pikante Hafermuffins mit Skyr und Frühlingszwiebeln 64

Haferpancakes mit Mandarinen-Skyr 22

Hanfsamen
Rote-Bete-Smoothie mit Ingwer 26

Haselnusskerne
Apfel-Möhren-Salat mit Nüssen 50
Granola-Crunch mit Skyr-Quark und Erdbeeren 18

Haselnussöl
Obstkiste mit Matcha-Skyr und Basilikum 28

Heidelbeeren
Beerentorte mit leichter Skyr-Creme 110

Heidelbeeren mit Skyr-Mascarpone-Creme 34

Himbeer-Cupcakes mit Skyr-Frosting 120

Himbeeren
Beeren-Skyr-Creme in Schokoladenschalen 114
Glutenfreie Buchweizen-Pancakes mit Mangosauce 16
Himbeer-Cupcakes mit Skyr-Frosting 120
Rote-Bete-Himbeer-Lassi mit würzigen Kichererbsen 32
Rote-Bete-Smoothie mit Ingwer 26
Skyr-„Cheesecake" mit Himbeeren 118

Hokkaido-Kürbis
Kürbis-Lasagne mit Skyr-Mozzarella 78
Kürbisstreifen mit Chili-Kakao-Aroma 94

Honig
Gebeizter Lachs mit Reibekuchen 98
Granola-Crunch mit Skyr-Quark und Erdbeeren 18
Johannisbeer-Lassi mit Grapefruitsaft 30
Linsensalat mit Skyr-Tsatsiki 46
Mango-Kurkuma-Lassi mit Limette und Honig 62
Obstkiste mit Matcha-Skyr und Basilikum 28
Rote-Bete-Himbeer-Lassi mit würzigen Kichererbsen 32
Salat Bowl „mediterran" 42

I

Ingwer
Mango-Kurkuma-Lassi mit Limette und Honig 62
Rote-Bete-Himbeer-Lassi mit würzigen Kichererbsen 32
Rote-Bete-Smoothie mit Ingwer 26
Vollkornbrot mit Möhren-Ingwer-Aufstrich 14

J

Johannisbeer-Lassi mit Grapefruitsaft 30

K

Kakao-Nibs
Kürbisstreifen mit Chili-Kakao-Aroma 94
Nice Cream – Skyr-Banane-Tahin 112
Skyr-„Cheesecake" mit Himbeeren 118

Kartoffeln
Gebeizter Lachs mit Reibekuchen 98
Gurken-Kartoffelsalat „light" 56
Kartoffelsuppe mit Haferflocken 48
Kohlrabi-Skyr-Suppe mit gebratenen Pilzen 68
Pannfisch „Seemannsschmaus" 80

Rosmarin-Kartoffeln mit grünem Spargel und Eierdip 100
Kartoffelsuppe mit Haferflocken 48

Käse
Kürbis-Lasagne mit Skyr-Mozzarella 78
Mandel-Quiche mit Skyr-Spinat-Füllung 84

Kichererbsen
Rote-Bete-Himbeer-Lassi mit würzigen Kichererbsen 32

Kichererbsenkuchen mit Skyr-Topping 52

Kichererbsenmehl
Kichererbsenkuchen mit Skyr-Topping 52
Zucchini-Karotten-Küchlein mit Kräuter-Skyr 72

Kichererbsen-Spaghetti
Spinat-Spaghetti-Nester mit fruchtigen Tomaten 88

Kidneybohnen
Chili con Carne mit Koriander-Skyr 86

Kohlrabi-Skyr-Suppe mit gebratenen Pilzen 68

Kokoschips
Skyr-Creme „Aloha" mit Ananas und Kokoschips 108

Kokosmehl
Himbeer-Cupcakes mit Skyr-Frosting 120

Kokosmilch
Mokka-Karamell-Kuchen mit Kokosaroma 116
Salat Bowl „mediterran" 42

Kokosraspeln
Mokka-Karamell-Kuchen mit Kokosaroma 116

Koriandergrün
Chili con Carne mit Koriander-Skyr 86
Linsensalat mit Skyr-Tsatsiki 46

Kräuter-Skyr 70

Kürbiskerne
Caprese mit Roter Bete und Skyr 40
Granola-Crunch mit Skyr-Quark und Erdbeeren 18

Kürbisstreifen mit Chili-Kakao-Aroma 94

Kurkumawurzel
Kichererbsenkuchen mit Skyr-Topping 52
Mango-Kurkuma-Lassi mit Limette und Honig 62

L

Lachs
Buchweizencrêpes mit Skyr-Lachs-Füllung 44
Gebeizter Lachs mit Reibekuchen 98

Lauch
Kartoffelsuppe mit Haferflocken 48

Limetten
Mango-Kurkuma-Lassi mit Limette und Honig 62
Obstkiste mit Matcha-Skyr und Basilikum 28
Rote-Bete-Himbeer-Lassi mit würzigen Kichererbsen 32
Skyr-Creme „Aloha" mit Ananas und Kokoschips 108

Linsensalat mit Skyr-Tsatsiki 46

M

Magerquark
Beeren-Skyr-Creme in Schokoladenschalen 114
Beerentorte mit leichter Skyr-Creme 110
Glutenfreie Buchweizen-Pancakes mit Mangosauce 16
Granola-Crunch mit Skyr-Quark und Erdbeeren 18
Himbeer-Cupcakes mit Skyr-Frosting 120
Mandel-Quiche mit Skyr-Spinat-Füllung 84
Skyr-Creme „Aloha" mit Ananas und Kokoschips 108
Stramme Forelle mit Kresse und Meerrettich 36
Vollkornbrot mit Möhren-Ingwer-Aufstrich 14
Zucchiniblüten mit Skyr-Walnuss-Füllung 104
Zucchini-Karotten-Küchlein mit Kräuter-Skyr 72

Mandarinen
Haferpancakes mit Mandarinen-Skyr 22

Mandeldrink
Glutenfreie Buchweizen-Pancakes mit Mangosauce 16
Power Smoothie mit Erdbeeren und Skyr 20

Mandelmehl
Mandel-Quiche mit Skyr-Spinat-Füllung 84

Mandelmus
Falscher „Hummus" mit Knabbergemüse 70
Smoothie mit Erdbeeren und Skyr 20

Mandeln
Granola-Crunch mit Skyr-Quark und Erdbeeren 18
Mandel-Quiche mit Skyr-Spinat-Füllung 84
Mokka-Karamell-Kuchen mit Kokosaroma 116
Obstkiste mit Matcha-Skyr und Basilikum 28

Mandel-Quiche mit Skyr-Spinat-Füllung 84

Mango
Glutenfreie Buchweizen-Pancakes mit Mangosauce 16
Mango-Kurkuma-Lassi mit Limette und Honig 62

Mangold
Süßkartoffeln mit Mangoldgemüse und Skyr-Dip 76

Mascarpone
Heidelbeeren mit Skyr-Mascarpone-Creme 34

Matcha-Pulver
Obstkiste mit Matcha-Skyr und Basilikum 28

Meerrettich
Caprese mit Roter Bete und Skyr 40
Stramme Forelle mit Kresse und Meerrettich 36

Milch
Buchweizencrêpes mit Skyr-Lachs-Füllung 44
Kürbis-Lasagne mit Skyr-Mozzarella 78
Rosmarin-Kartoffeln mit grünem Spargel und Eierdip 100
Spinat-Spaghetti-Nester mit fruchtigen Tomaten 88

Minze
Fruchtiger Zitronen-Skyr mit frischer Minze 24
Mango-Kurkuma-Lassi mit Limette und Honig 62

Möhren
Apfel-Möhren-Salat mit Nüssen 50
Süßkartoffel-Puten-Eintopf mit Skyr verfeinert 102
Vollkornbrot mit Möhren-Ingwer-Aufstrich 14
Zucchini-Karotten-Küchlein mit Kräuter-Skyr 72

Mokka-Karamell-Kuchen mit Kokosaroma 116

N

Nice Cream – Skyr-Banane-Tahin 112

O

Obstkiste mit Matcha-Skyr und Basilikum 28

Oliven, grün
Linsensalat mit Skyr-Tsatsiki 46

Orangen
Obstkiste mit Matcha-Skyr und Basilikum 28

P

Pannfisch „Seemannsschmaus" 80

Paprika
Chili con Carne mit Koriander-Skyr 86
Gefüllte Paprika mit Bulgur-Tomaten-Mix 82

Pastinakensuppe mit Rucola-Pesto 54

Petersilie
Erfrischend kalte Gurkensuppe mit Skyr 60
Gefüllte Paprika mit Bulgur-Tomaten-Mix 82
Kartoffelsuppe mit Haferflocken 48

Pikante Hafermuffins mit Skyr und Frühlingszwiebeln 64

Pizza mit Prosciutto und Rucola 96

Power Smoothie mit Erdbeeren und Skyr 20

Prosciutto
Pizza mit Prosciutto und Rucola 96

Proteinpulver
Himbeer-Cupcakes mit Skyr-Frosting 120

Putenfleisch
Süßkartoffel-Puten-Eintopf mit Skyr verfeinert 102

R

Radieschen
Salat Bowl „mediterran" 42

Räucherforellenfilet
Stramme Forelle mit Kresse und Meerrettich 36

Ricotta
Mandel-Quiche mit Skyr-Spinat-Füllung 84
Zucchiniblüten mit Skyr-Walnuss-Füllung 104

Rinderhackfleisch
Chili con Carne mit Koriander-Skyr 86

Rosmarin-Kartoffeln mit grünem Spargel und Eierdip 100

Rotbarschfilet
Pannfisch „Seemannsschmaus" 80

Rote Bete
Caprese mit Roter Bete und Skyr 40

Rote-Bete-Himbeer-Lassi mit würzigen Kichererbsen 32

Rote-Bete-Smoothie mit Ingwer 26

Rote-Linsen-Spaghetti
Spaghetti mit Frankfurter-Grüner-Sauce 92

Rucola
Pastinakensuppe mit Rucola-Pesto 54
Pizza mit Prosciutto und Rucola 96
Schinken-Wrap mit Zucchini 58

S

Salat
Apfel-Möhren-Salat mit Nüssen 50
Linsensalat mit Skyr-Tsatsiki 46

Salat Bowl „mediterran" 42

Salatgurke
Erfrischend kalte Gurkensuppe mit Skyr 60

Gurken-Kartoffelsalat „light" 56
Linsensalat mit Skyr-Tsatsiki 46
Salat Bowl „mediterran" 42
Vollkornbrot mit Möhren-Ingwer-Aufstrich 14

Schinken-Wrap mit Zucchini 58

Schmand
Spaghetti mit Frankfurter-Grüner-Sauce 92

Schnittlauch
Kohlrabi-Skyr-Suppe mit gebratenen Pilzen 68
Rosmarin-Kartoffeln mit grünem Spargel und Eierdip 100
Zucchini-Karotten-Küchlein mit Kräuter-Skyr 72

Senf
Gurken-Kartoffelsalat „light" 56

Sesam
Granola-Crunch mit Skyr-Quark und Erdbeeren 18

Skyr-„Cheesecake" mit Himbeeren 118

Skyr-Creme „Aloha" mit Ananas und Kokoschips 108

Skyr-Mozzarella
Gefüllte Paprika mit Bulgur-Tomaten-Mix 82
Grüne Shakshuka mit Kräuterdip 90
Kürbis-Lasagne mit Skyr-Mozzarella 78
Kürbisstreifen mit Chili-Kakao-Aroma 94
Pizza mit Prosciutto und Rucola 96
Zucchiniblüten mit Skyr-Walnuss-Füllung 104

Sojasauce
Caprese mit Roter Bete und Skyr 40

Sonnenblumenkerne
Falscher „Hummus" mit Knabbergemüse 70
Granola-Crunch mit Skyr-Quark und Erdbeeren 18

Spargel, grün
Rosmarin-Kartoffeln mit grünem Spargel und Eierdip 100

Spinat
Grüne Shakshuka mit Kräuterdip 90
Kichererbsenkuchen mit Skyr-Topping 52
Mandel-Quiche mit Skyr-Spinat-Füllung 84

Spinat-Spaghetti-Nester mit fruchtigen Tomaten 88

Stangensellerie
Süßkartoffel-Puten-Eintopf mit Skyr verfeinert 102

Stramme Forelle mit Kresse und Meerrettich 36

Süßkartoffeln mit Mangoldgemüse und Skyr-Dip 76

Süßkartoffel-Puten-Eintopf mit Skyr verfeinert 102

T

Tahin (Sesampaste)
Nice Cream – Skyr-Banane-Tahin 112

Tomaten
Chili con Carne mit Koriander-Skyr 86
Gefüllte Paprika mit Bulgur-Tomaten-Mix 82
Kürbis-Lasagne mit Skyr-Mozzarella 78
Pizza mit Prosciutto und Rucola 96
Salat Bowl „mediterran" 42
Spinat-Spaghetti-Nester mit fruchtigen Tomaten 88
Süßkartoffel-Puten-Eintopf mit Skyr verfeinert 102

Tortilla-Wraps
Schinken-Wrap mit Zucchini 58

V

Vanilleschote
Beeren-Skyr-Creme in Schokoladenschalen 114
Glutenfreie Buchweizen-Pancakes mit Mangosauce 16
Obstkiste mit Matcha-Skyr und Basilikum 28
Power Smoothie mit Erdbeeren und Skyr 20

Vollkornbutterkekse
Skyr-„Cheesecake" mit Himbeeren 118

W

Walnusskerne
Haferpancakes mit Mandarinen-Skyr 22
Zucchiniblüten mit Skyr-Walnuss-Füllung 104

Wassermelone
Salat Bowl „mediterran" 42

Weizen-Vollkornmehl
Beerentorte mit leichter Skyr-Creme 110
Pikante Hafermuffins mit Skyr und Frühlingszwiebeln 64
Pizza mit Prosciutto und Rucola 96
Rote-Bete-Himbeer-Lassi mit würzigen Kichererbsen 32

Z

Zartbitterkuvertüre
Beeren-Skyr-Creme in Schokoladenschalen 114

Zimt
Glutenfreie Buchweizen-Pancakes mit Mangosauce 16
Granola-Crunch mit Skyr-Quark und Erdbeeren 18
Haferpancakes mit Mandarinen-Skyr 22
Rote-Bete-Smoothie mit Ingwer 26

Zitronen
Apfel-Möhren-Salat mit Nüssen 50
Beeren-Skyr-Creme in Schokoladenschalen 114
Beerentorte mit leichter Skyr-Creme 110

Buchweizencrêpes mit Skyr-Lachs-Füllung 44
Chili con Carne mit Koriander-Skyr 86
Erfrischend kalte Gurkensuppe mit Skyr 60
Falscher „Hummus" mit Knabbergemüse 70
Fruchtiger Zitronen-Skyr mit frischer Minze 24
Heidelbeeren mit Skyr-Mascarpone-Creme 34
Linsensalat mit Skyr-Tsatsiki 46
Pannfisch „Seemannsschmaus" 80
Pastinakensuppe mit Rucola-Pesto 54
Salat Bowl „mediterran" 42
Schinken-Wrap mit Zucchini 58
Süßkartoffeln mit Mangoldgemüse und Skyr-Dip 76
Vollkornbrot mit Möhren-Ingwer-Aufstrich 14
Zucchiniblüten mit Skyr-Walnuss-Füllung 104

Zucchini
Schinken-Wrap mit Zucchini 58
Spaghetti mit Frankfurter-Grüner-Sauce 92
Zucchiniblüten mit Skyr-Walnuss-Füllung 104

Zucchiniblüten mit Skyr-Walnuss-Füllung 104

Zucchini-Karotten-Küchlein mit Kräuter-Skyr 72

NOCH MEHR
Bücher

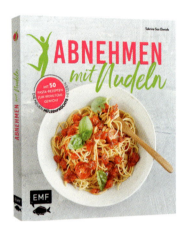

Abnehmen mit Nudeln – Die neuen Hülsenfrüchte-Helden
978-3-96093-506-3
14,99 € (DE) | 15,50 € (AT)

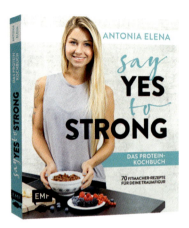

Say Yes to Strong
Das Protein-Kochbuch
978-3-96093-009-9
20,00 € (DE) | 20,60 € (AT)

So leicht geht schlank! Das einfachste Abnehmbuch der Welt
978-3-96093-330-4
15,00 € (DE) | 15,50 € (AT)

Intervallfasten für Berufstätige
Schlank und gesund im Stundentakt
978-3-96093-339-7
15,00 € (DE) | 15,50 € (AT)

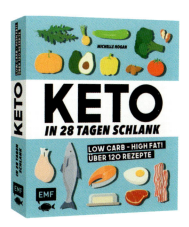

Keto – In 28 Tagen schlank
Low Carb High Fat! Über 120 Rezepte
978-3-96093-307-6
20,00 € (DE) | 20,60 € (AT)

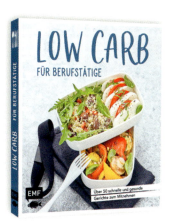

Low Carb für Berufstätige
Über 50 schnelle und gesunde
Gerichte zum Mitnehmen
978-3-96093-539-1
15,00 € (DE) | 15,50 € (AT)

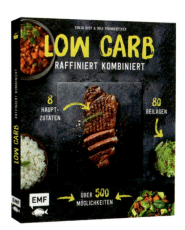

Low Carb Raffiniert kombiniert
8 Hauptzutaten, 80 Beilagen,
über 500 Möglichkeiten
978-3-96093-309-0
18,00 € (DE) | 18,50 € (AT)

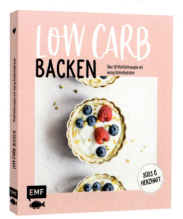

Backen Low Carb
Über 50 Wohlfühlrezepte
mit wenig Kohlenhydraten
978-3-96093-366-3
24,99 € (DE) | 25,70 € (AT)

IMPRESSUM

Bibliografische Information der Deutschen Bibliothek.

Die Deutsche Bibliothek verzeichnet diese Publikation in der Deutschen Nationalbibliografie.

Detaillierte bibliografische Daten sind im Internet über http://www.dnb.de/abrufbar.

Alle in diesem Buch veröffentlichten Abbildungen sind urheberrechtlich geschützt und dürfen nur mit ausdrücklicher schriftlicher Genehmigung des Verlags gewerblich genutzt werden. Eine Vervielfältigung oder Verbreitung der Inhalte des Buchs ist untersagt und wird zivil- und strafrechtlich verfolgt. Das gilt insbesondere für Vervielfältigungen, Übersetzungen, Mikroverfilmungen und die Einspeicherung und Verarbeitung in elektronischen Systemen.

Die im Buch veröffentlichten Aussagen und Ratschläge wurden von Verfasser und Verlag sorgfältig erarbeitet und geprüft. Eine Garantie für das Gelingen kann jedoch nicht übernommen werden, ebenso ist die Haftung des Verfassers bzw. des Verlags und seiner Beauftragten für Personen-, Sach- und Vermögensschäden ausgeschlossen.

Bei der Verwendung im Unterricht ist auf dieses Buch hinzuweisen.

EIN BUCH DER EDITION MICHAEL FISCHER

1. Auflage 2019

© 2019 Edition Michael Fischer GmbH, Donnersbergstr. 7, 86859 Igling

Covergestaltung: Bernadett Linseisen

Redaktion und Lektorat: Marcelina Schulte

Layout: Meritt Hettwer

Satz: Sonja Bauernfeind

Rezepte: Michael Weckerle (S. 16), Maria Panzer (S. 84, 120), Gabriele Gugetzer (S. 64, 96, 110); Sabrina Sue Daniels (S. 52, 88, 92, 104); Anne Iburg (S. 40, 56, 80, 82, 94); Heike Niemoeller (S. 22); Mario Kotaska (S. 36, 98); Christina Wiedemann (S. 14, 18, 26, 44, 48, 54, 58, 68, 72, 76, 78, 100, 102, 108, 112, 118); Tanja Dusy und Inga Pfannebecker (S. 70, 86, 90); Tanja Dusy (S. 20); Rose Marie Donhauser (S. 24, 34, 50, 60, 66); Anton Enns und Nadja Buchzcik (S. 30, 32, 62); Jessica Lerchenmüller (S. 42, 46, 116); Anton Enns (S. 28), Melanie Allhoff (S. 114)

Fotos: Maria Panzer, Offenburg (S. 85, 121); Claudia Timmann, Hamburg (S. 41, 57, 65, 81, 83, 95, 97, 111); Sabrina Sue Daniels, Frankfurt am Main (S. 17, 25, 27, 35, 53, 61, 67, 69, 73, 89, 93, 101, 103, 105, 109, 113); Nadja Buchzcik, Bielefeld (S. 7, 15, 19, 23, 29, 31, 33, 49, 59, 63, 45, 55, 77, 79, 119); Katrin Winner, München (S. 71, 87, 91); Manuela Rüther, Köln (S. 37, 99); Klaus-Maria Einwanger, Rosenheim (S.21); Jessica Lerchenmüller, Österreich (S. 43, 47, 117); Melanie Allhoff, Münster (S. 115); Tina Bumann, Bretten (S. 51);

Cover: ©Chatrawee Wiratgasem/Shutterstock; Vorsatz/Nachsatz: ©uladzimir zgurski; S. 6 ©Daria Mladenvic; S. 8 ©Barbara Dudzinska

ISBN 978-3-93-681-7

Gedruckt bei Polygraf Print, Čapajevova 44, 08001 Prešov, Slowakei

www.emf-verlag.de